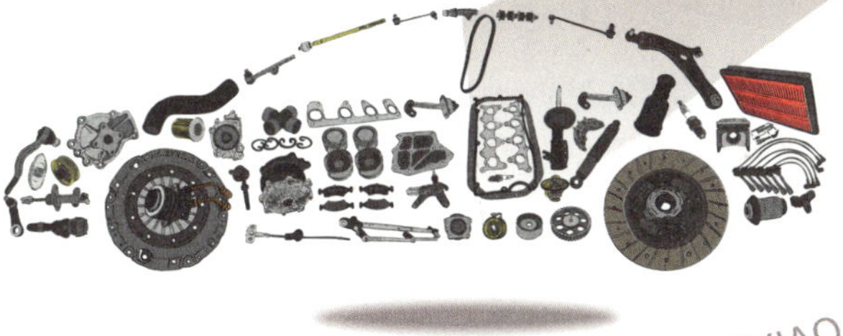

ZHONGDENG ZHIYE XUEXIAO
QICHE LEI ZHUANYE GUIHUA JIAOCAI

中等职业学校汽车类专业规划教材

汽车维修基础

主　审：石光成

主　编：徐　迎　刘钰莹

副主编：罗　兰　周　松　李开鋆

参　编：解生杰　李纯波　唐　浩　任双鹏
谭　娟　樊　敏　粟利松　李朝东
程　彬　雷小丰　李雅雯　王　会
吴　静

西南大學出版社
SWUP　国家一级出版社　全国百佳图书出版单位

图书在版编目(CIP)数据

汽车维修基础 / 徐迎, 刘钰莹主编. — 重庆 : 西南大学出版社, 2023.8
ISBN 978-7-5697-1842-3

Ⅰ. ①汽… Ⅱ. ①徐… ②刘… Ⅲ. ①汽车 - 车辆修理 - 中等专业学校 - 教材 Ⅳ. ①U472.4

中国国家版本馆CIP数据核字(2023)第138892号

汽车维修基础

QICHE WEIXIU JICHU

主　审: 石光成
主　编: 徐　迎　刘钰莹

策　　划: 杨景罡　曾　文
责任编辑: 曾　文
责任校对: 翟腾飞
封面设计: 杨　涵
排　　版: 黄金红
出版发行: 西南大学出版社(原西南师范大学出版社)
　　　　　地址:重庆市北碚区天生路2号
　　　　　邮编:400715
　　　　　电话:023-68868624
　　　　　网址:http://www.xdcbs.com
印　　刷: 重庆紫石东南印务有限公司
幅面尺寸: 185 mm×260 mm
印　　张: 10.75
字　　数: 275千字
版　　次: 2023年8月 第1版
印　　次: 2023年8月 第1次
书　　号: ISBN 978-7-5697-1842-3

定　　价: 48.00元

尊敬的读者,感谢您使用本教材! 如对本书有任何建议或要求,请发送邮件至xszjfs@126.com。

序言

XUYAN

为贯彻落实党的二十大精神，深入实施科教兴国战略、人才强国战略、创新驱动发展战略，培养造就大批德才兼备的高素质人才，党和国家提出要大力发展职业教育。优化职业教育类型定位，努力培养造就更多大国工匠、高技能人才是职业教育发展的根本目标。

党的二十大报告提出，“建设现代化产业体系”，尤其提到“构建优质高效的服务业新体系，推动现代服务业同先进制造业、现代农业深度融合”。职业教育汽车维修服务人才培养是现代化汽车产业体系的重要组成部分，应深度融合现代汽车先进制造业、维修业及先进技术。然而，目前许多中职学校汽车运用与维修专业的办学软硬件设施、课程体系及教材在和行业先进技术真正接轨，遵循学生的职业发展规律，结合学校自身的实际情况等方面仍有待改进。尤其是在专业教学方面，存在课程体系不合理，教学内容陈旧，教学方法落后等问题，不能完全满足现代汽车售后服务市场岗位职业能力培养的需求。

为了更好地满足中等职业学校汽车类专业的教学要求，体现职业教育类型特色，促进汽车专业人才的培养，我们组织一线教师和行业专家在广泛调研和深入实践的基础上，按“项目引领、任务驱动”的最新教学理念编写了这套中等职业学校汽车类专业规划教材。本系列教材共计17本，分别为《汽车文化》《汽车维修机械基础》《汽车维修基本技能》《汽车发动机基础维修》《汽车底盘基础维修》《汽车电气设备构造与维修》《汽车发动机电控系统检修》《汽车底盘电控技术》《汽车电工电子》《汽车车身电控技术》《汽车故障诊断与排除》《汽车维护与保养》《汽车美容与装饰》《汽车车身修复》《汽车维修涂装技术》《汽车评估》《汽车维修基础》。其中，《汽车维修涂装技术》连续入选“十三五”、“十四五”职业教育国家规划教材，并在首届国家教材建设奖评选活动中荣获全国优秀教材二等奖；《汽车维修基本技能》入选“十四五”职业教育国家规划教材。

为全面贯彻党的教育方针，落实立德树人根本任务，培养德智体美劳全面发展的社会主义建设者和接班人，本套教材坚持育人的根本在于立德树人，坚持以市场人才需求为导向，围绕学生职业能力培养，结合中职学生职业教育规律进行编写。其主要特点如下：

1．根据学生职业岗位和发展，教材体系体现了"宽、专、精"三个不同层面的内涵。提炼、整合了传统专业基础课程，拓宽专业基础知识、技能的实用性，满足不同岗位的需要；针对不同工种的工作需求，编写了不同工种的专门化核心专业课程；依据"知识够用、技能实用"原则，精心打造课程，实现与实际岗位工作任务无缝对接。

2．专业课程体例是按"任务驱动的'理实一体化'"模式编写的，体现了以完成工作任务为目的、以应用为中心的职业技能教育特点，实施了"学中做，做中学"的理论与实践相结合的教学理念。

3．课程内容满足专业能力培养的需要。坚持"必需、够用"的原则，内容严谨、容量适宜、难易得当。

4．结合了汽车行业职业技能考核的要求，注重培养"双证"技能型人才。

5．注重学生职业道德与情感的培养，树立社会主义核心价值观，养成安全和绿色环保意识，培养劳动精神、工匠精神和科学精神。

本套教材在充分调研和深入实践的情况下，在全国多地的职业学校和相关高校的一线专业课教师、"双师型"教师共同参与下研发、编写而成。这将更能体现其在实际教学中的适用性和地方特色，满足中职学校汽车运用与维修专业的人才培养要求，从而推动地方职业教育的教学改革，为我国汽车产业高质量发展发挥积极的作用。

前言

QIANYAN

党的二十大报告提出："我们要坚持教育优先发展、科技自立自强、人才引领驱动，加快建设教育强国、科技强国、人才强国，坚持为党育人、为国育才，全面提高人才自主培养质量，着力造就拔尖创新人才，聚天下英才而用之。""统筹职业教育、高等教育、继续教育协同创新，推进职普融通、产教融合、科教融汇，优化职业教育类型定位。"因此，为了优化职业教育类型定位，提高现代汽车维修高技能人才培养质量，着力深化产教融合，改革课程体系和教材建设具有十分重要的意义。

汽车的结构复杂、种类繁多，本教材以职业技能大赛别克威朗车型为例展开任务教学，力图以工作手册式教材、"项目引领+任务驱动"的教学模式来展现汽车维修基础，使学生在探究和合作的氛围中，培养发现问题、分析问题和解决问题的能力，使其达到中级汽车维修工水平。书中，知识储备板块着重任务相关理论知识的巩固，增加微视频，使学生通过扫描二维码掌握相关知识；任务实施板块，以操作步骤、图片展示、二维码和任务工单展示整个任务，便于老师教学、学生自学和知识与技能的训练。本书适合中等职业学校汽车类专业学生使用，也可供汽修行业从业人员职业技能培训使用。

教学模式建议：建议采用"理实一体化"教学，注重技能训练。

学时分配建议：建议安排在第二学年的第2学期。每周按6学时分配，每学期按18周计，共计108学时（含机动课12学时）。本书主要包括汽车维护、汽车修理和汽车故障诊断与排除三个项目，课时分布如下：

项目	任务	教学内容	学时分配
一	1	机油及机油滤清器的更换	4
	2	空气滤清器的检查与更换	2
	3	汽油滤清器的更换	4
	4	冷却液的更换	4
	5	制动液的更换	4
	6	雨刮器的维护与更换	2
	7	轮胎的换位与动平衡	6
	8	四轮定位	4
	9	火花塞的更换与维护	2
	10	自动变速器油的更换	4
二	1	气缸盖的拆装与检测	4
	2	配气机构的拆装和检查	4
	3	气缸的测量	2
	4	活塞环的检测与更换	4
	5	曲轴的检测	2
	6	离合器的检修	4
	7	手动变速器的拆检	6
	8	盘式车轮制动器的检修	4
	9	减振器的拆装	2
	10	起动机的检修	4
三	1	汽车前照灯近光不亮故障诊断与排除	6
	2	汽车发电机不发电故障诊断	6
	3	空调制冷时压缩机不运转故障诊断与排除	6
	4	汽车蓄电池亏电的故障诊断与排除	6
机动			12
总计			108

重庆市巴南职业教育中心石光成研究员担任本书主审。重庆市轻工业学校徐迎、刘钰莹担任本书主编，负责全书编写及统稿。重庆市轻工业学校罗兰担任副主

编，组织编写项目一；重庆市轻工业学校周松担任副主编，组织编写项目二；重庆市轻工业学校李开鋆担任副主编，组织编写项目三。另外，参与本书编写的还有重庆市轻工业学校解生杰、李纯波、唐浩、任双鹏、谭娟、樊敏、粟利松，重庆能源工业技师学院李朝东，重庆市两江职业教育中心程彬，重庆市巴南职业教育中心雷小丰，成渝地区汽车产教融合联盟李雅雯，浙江吉利汽车有限公司王会，重庆万友汽车销售服务有限公司吴静。本书在编写过程中，参考了大量的资料和文献，也得到了成渝地区汽车产教融合联盟的大力支持和帮助，在此表示衷心感谢。

由于编者水平有限，书中难免有不足之处，敬请广大读者及时提出修改意见和建议，以求不断改进和完善。

目录

二维码资源目录

续表

序号	资源内容	所在页码
22	轮胎的检查微视频	34
23	轮胎动平衡检测微视频	35
24	四轮定位简介	39
25	四轮定位微视频	39
26	四轮定位操作流程微视频	41
27	点火系统的基本知识	47
28	火花塞的更换微视频	48
29	自动变速器及自动变速器油相关知识	52
30	ATF液位检查与添加(动画仿真)	53
31	自动变速器油的更换微视频	54
32	气缸盖的结构微视频	57
33	气缸盖的拆装操作微视频	58
34	配气机构微视频	62
35	气门组的拆装操作微视频	64
36	发动机机体组微视频	70
37	检测气缸缸径微视频	71
38	检测气缸的磨损微视频	72
39	检测气缸体磨损情况(动画仿真)	72
40	活塞连杆组相关知识	75
41	曲柄连杆机构微视频	75
42	检测活塞环间隙微视频	77
43	活塞环的更换微视频	78
44	曲轴飞轮组相关知识	81
45	检测曲轴扭曲程度(动画仿真)	82
46	测量曲轴各端面径向圆跳动(动画仿真)	83

续表

温馨提示:扫一扫书中二维码,了解汽车维修更多知识!

项目一　汽车维护

任务1　机油及机油滤清器的更换

工作任务	机油及机油滤清器的更换	教学方法	任务驱动法
建议学时	4	教学地点	理实一体化实训室
教学目标	1.能够按照正确的操作流程更换机油及机油滤清器。 2.能够主动获取信息，熟悉汽车使用情况，培养与他人有效沟通的能力和服务意识。 3.培养学生绿色、开放的发展观念。		
设备器材	别克威朗1辆，举升机，维修资料，滤清器套筒，接油盘，新放油螺栓密封件，新机油滤清器盖密封件，扭力扳手及组套工具，适合且足量的新机油，新机油滤清器滤芯1个，车辆防护装备，干净棉布，手套，工作手册式教材，网络教学资源等。		
任务引入	小王对爱车进行日常维护时，发现机油颜色异常、变质，才想起已经很久没更换过机油了。 如果你是小王，应该如何处理？ 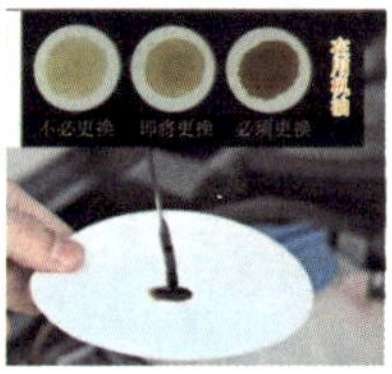		

知识储备

一、基础知识

润滑系统一般由供给装置、滤清装置和仪表与信号装置三部分组成。

供给装置：包含机油泵、油底壳、油管和油道以及限制泵油压力的限压阀等。

滤清装置：包含集滤器、粗滤器、细滤器、旁通阀等。

仪表与信号装置：包含堵塞指示器、油压传感器、油压警报器、指示灯、机油压力表等。

发动机润滑系统的基本任务就是将机油不断地供给各零件的摩擦表面，减少零件的摩擦和磨损，保证发动机正常工作。

扫码看微课

机油运行动态图

润滑系统的作用：具有润滑、清洗、冷却、密封和防锈五大作用。

发动机零件的润滑方式有压力润滑、飞溅润滑和定期润滑三种润滑方式。润滑系统采用了压力润滑和飞溅润滑两种润滑方式。

压力润滑：曲轴主轴承、连杆轴承、凸轮轴轴承、摇臂轴衬套等。

飞溅润滑：气缸壁、汽油机的活塞销、配气机构的凸轮、挺柱和气门杆等。

定期润滑：对水泵、发电机、起动机的轴承以及分电器等采用定期加注润滑脂的方式进行润滑。

机油即润滑油，能对发动机起到润滑减磨、辅助冷却降温、密封防漏、防锈防蚀、减振缓冲等作用，被誉为汽车的“血液”。机油要定期更换，更换机油的同时必须更换机油滤清器。

二、知识巩固

扫码看微课

机油在发动机中的流动

1. 认识下列润滑系统各元件并填写相应名称，描述它们的作用及工作原理并在实训车辆中找出来。

(1)________________；　(2)________________；

(3)________________；　(4)________________；

(5)________________；　(6)________________。

(1)

(2)

(3)

(4)

(5)

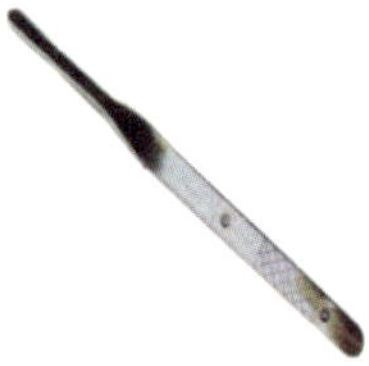

(6)

2. 汽车润滑系统的作用是(　　)。

A. 润滑　B. 清洁　C. 冷却　D. 密封　E. 防蚀

3. 发动机的润滑方式有(　　)。

A. 压力润滑　B. 飞溅润滑　C. 定期润滑

4. 机油滤清器有(　　)。

A. 集滤器　B. 机油粗滤器　C. 机油细滤器

5. 描述下列发动机润滑系统油路，并写出对应序号零部件的名称。

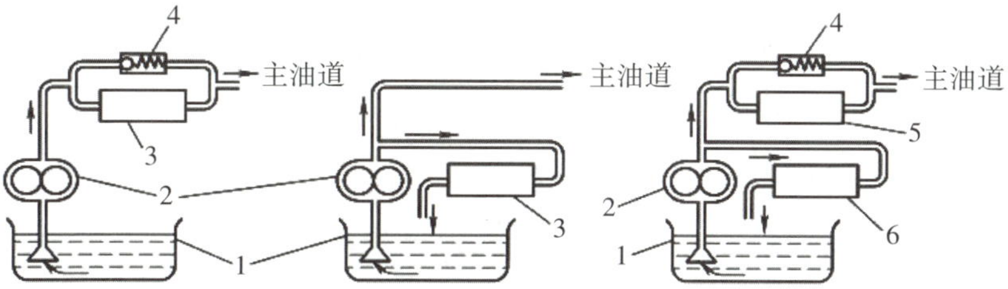

(a)全流过滤式　　(b)分流过滤式　　(c)并联过滤式

(1)________________；　　(2)________________；

(3)________________；　　(4)________________；

(5)________________；　　(6)________________。

6. 描述下图中机油型号“15W-40”的含义。

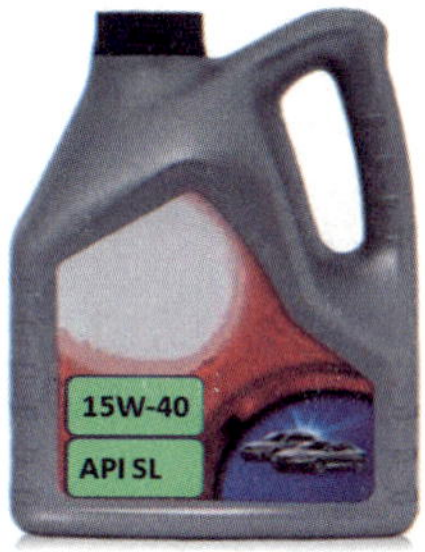

任务实施

一、实施前的准备工作

1. 常规准备工作：卫生清扫、场地安全确认、人数清点等。

2. 别克威朗1辆、举升机、维修资料、滤清器套筒、扭力扳手及组套工具、接油盘、工作手册式教材、网络教学资源等。

3. 适合且足量的新机油、新机油滤清器滤芯1个、新放油螺栓密封件、新机油滤清器盖密封件。

4. 操作者穿戴好防护装备。

5. 进行车辆安全防护操作。

二、机油及机油滤清器的更换

1. 机油的检查

(1)将汽车停放在平坦的路面上，安装车辆防护套，检查前起动发动机怠速运转几分钟。

(2)将机油标尺拔出，为保证测量准确性，用干净棉布将机油标尺擦拭干净后插回油底壳内。

扫码看微课

更换发动机机油及机油滤清器(动画仿真)

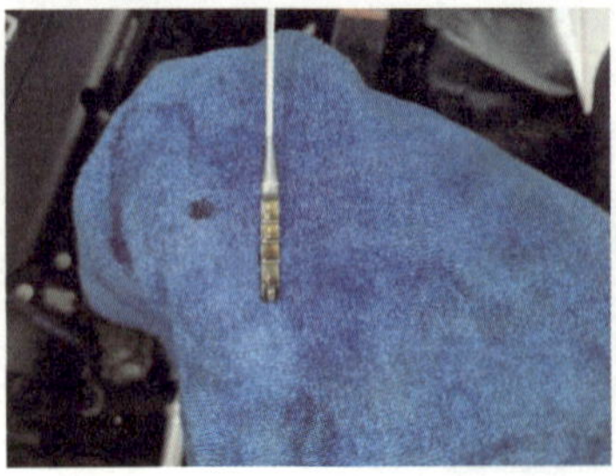

机油检查

油底壳和机油滤清器

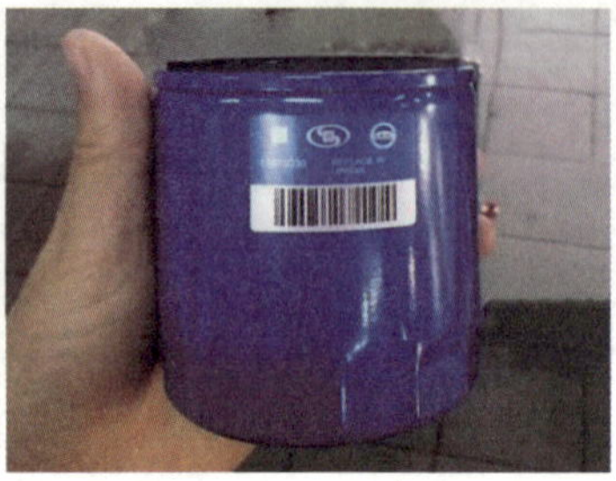

拆下机油滤清器

（3）再次将机油尺缓慢地拔出，检查机油尺上沾附的油迹，若油迹位于最高和最低标记之间，则表示机油液位在正常范围之内；若油迹里有明显的异物或机油变色，说明机油变质，应更换。

2. 拆卸程序

（1）运转发动机，使其达到工作温度。拉起手刹并安装车轮挡块，插上尾气排放装置，打开发动机舱盖，做好汽车安全防护。

（2）拧下机油加注盖，举升和顶起车辆，在车辆下放置一个接油盘。

（3）拆下油底壳放油螺栓，排放发动机机油于接油盘中。

（4）机油排尽后，将接油盘移至机油滤清器下方，用滤清器套筒拆下发动机机油滤清器。

（5）正确报废旧机油滤清器。

扫码看微课

机油及机油滤清器的更换微视频

3. 安装程序

（1）清洁放油螺栓。

（2）安装油底壳放油螺栓并紧固至25 N·m。

（3）用新机油润滑新的机油滤清器衬垫。

（4）安装新的机油滤清器，并在衬垫接触到滤清器安装凸缘的密封面后再紧固3/4至1圈。

紧固放油螺栓

4. 机油的加注

（1）加入适量的新机油。

（2）起动发动机并使其运转，直至机油压力控制指示灯熄灭。

（3）用机油尺检查机油油量，如油面下降，则需再进行添加。

（4）重新设置GM机油寿命系统。

（5）收起防护布、关闭发动机舱盖，收起车轮挡块。

（6）清洁车辆、场地，整理工具。

新机油的加注

任务工单

工作任务	机油及机油滤清器的更换						
姓名		学号		班级		日期	
车辆信息							
车型		生产年份		制造厂			
VIN码		发动机型号					

放油螺栓力矩：____________________

机油滤清器安装要求：____________________

机油液位是否正常：____________________　　本次换油里程：____________________

机油型号与级别：____________________　　实际加注量：____________________

标准加注量：____________________　　下次换油里程：____________________

情感面（作业安全、职业操守）		
操作点（共15分）	学生评价总结	教师评估
1. 能进行工位“6S”操作（共3分）		
□1.1 整理、整顿（1分）		
□1.2 清理、清洁（1分）		
□1.3 素养、安全（1分）		
2. 能进行设备器材的安全检查（共2分）		
□2.1 检查作业所需要的工具和设备是否完备（1分）		
□2.2 检查举升机的举升情况是否正常（1分）		
3. 能进行车辆安全防护操作（共3分）		
□3.1 正确安装车辆翼子板布（1分）		
□3.2 正确安装车内三件套（1分）		
□3.3 正确安装车轮挡块（1分）		
□4. 能穿戴好防护装备（共1分）		
5. 能进行工量具清洁、校准、存放操作（共3分）		
□5.1 使用前对工量具进行校准（1分）		
□5.2 使用后对工量具进行清洁（1分）		
□5.3 作业完成后对工量具进行复位（1分）		
6. 能进行“三不落地”操作（共3分）		
□6.1 作业过程做到油液不落地（1分）		
□6.2 作业过程做到零件不落地（1分）		
□6.3 作业过程做到工具不落地（1分）		

续表

技能面(应用技能、操作技能)		
操作点(共17分)	学生评价总结	教师评估
1. 检查机油情况(共8分) □1.1 检查车辆是否处于水平位置(2分) □1.2 检查机油液位前,油温是否在适宜的温度(2分) □1.3 检查机油液位时,油滴不滴落(2分) □1.4 正确读出机油液位和机油质量(2分) 2. 检查机油泄漏情况(共9分) □2.1 检查机油滤清器是否泄漏(3分) □2.2 检查油底壳垫是否泄漏(3分) □2.3 检查油底壳螺栓处是否泄漏(3分)		
作业面(保养作业)		
操作点(共40分)	学生评价总结	教师评估
更换机油及机油滤清器(共40分) □1. 确认机油及机油滤清器与车辆匹配(3分) □2. 确认车辆安全稳定地支撑在举升机上(3分) □3. 放置机油收集器(2分) □4. 排放机油(11分) □5. 更换机油滤清器(11分) □6. 加注机油(4分) □7. 起动车辆检查机油是否泄漏(3分) □8. 检查机油液位(3分)		
信息面(信息录入、检索、应用)		
操作点(共18分)	学生评价总结	教师评估
1. 能正确使用维修手册查询资料(共6分) □1.1 查询机油型号、级别与容量(2分) □1.2 查询放油螺栓扭矩规格(2分) □1.3 查询机油滤清器扭矩规格(2分) 2. 能正确使用用户手册查询资料(共6分) □2.1 查询机油更换周期(3分) □2.2 查询机油滤清器更换周期(3分) 3. 能在规定时间内查询所需资料(共3分) 4. 能正确记录所需信息(共3分)		
工具及设备使用能力		
操作点(共10分)	学生评价总结	教师评估
□1. 能正确选用维修工具(共2分) □2. 能正确使用滤清器套筒扳手工具(共2分) □3. 能正确使用维修工具(共2分) □4. 能正确使用机油收集器(共2分) □5. 能正确使用举升机(共2分)		

任务2 空气滤清器的检查与更换

工作任务	空气滤清器的检查与更换	教学方法	任务驱动法
建议学时	2	教学地点	理实一体化实训室
教学目标	1. 能够正确对空气滤清器进行检查。 2. 能够按照正确的操作流程更换空气滤清器。 3. 能够主动获取信息，熟悉汽车使用情况，培养与他人有效沟通的能力和服务意识。 4. 养成良好的职业素养和安全意识。		
设备器材	别克威朗1辆，维修资料，常用工具一套，新空气滤芯，吹气枪，防护装备，工作手册式教材，网络教学资源等。		
任务引入	小王自从购买新车后，都没对空气滤清器进行检查和清洁，最近发现连踏加速踏板时发动机响声沉闷、运转无力，而且尾气呈灰黑色。 小王将车驶入汽车维修“4S”店，维修人员检查为空气滤清器堵塞，须更换空气滤清器。 		

知识储备

一、基础知识

进气系统的主要作用是为发动机输送清洁、干燥、充足而稳定的空气以满足发动机的需求，避免空气中杂质及大颗粒粉尘进入发动机燃烧室造成发动机异常磨损。

一般进气系统由空气滤清器、进气导流管和进气歧管组成。

电喷汽油机的进气系统由空气滤清器、节气门体、怠速空气调整器、进气总管和进气歧管等组成。该系统根据节气门或怠速空气调整器的开度向各缸供给空气。

扫码看微课

进气增压动态图

空气滤清器的作用是清除空气中的灰尘等机械颗粒物，使进气洁净，减少气缸磨损；其次，也起到消减进气噪声的作用。

空气滤清器一般由空气滤清器外壳、盖、滤芯及密封圈等组成。常用的空气滤清器有纸滤芯空气滤清器、油浴式空气滤清器、离心式及复合式空气滤清器。

空气滤清器

扫码看微课

空气滤清器的相关知识

纸滤芯空气滤清器效果好，应用广泛。纸滤芯有干式和湿式两种：干式可重复使用，即将滤芯取出用手轻拍或压缩空气吹去积尘；湿式滤芯只能一次性使用，须定期更换。

油浴式空气滤清器：适用于多尘环境中工作的发动机。

离心式及复合式空气滤清器：多在扬尘极多环境中工作的矿山车用。单独的离心式空气滤清器多用于大型货车。

二、知识巩固

1. 将进气均匀分配到各个气缸的部件的是（　　）。

A. 进气歧管　　B. 空气流量计

C. 空气滤清器　　D. 节气门

2. 能够清除空气中的灰尘等颗粒物的部件是（　　）。

A. 进气歧管　　B. 进气导流管

C. 进气增压装置　　D. 空气滤清器

3. 空气滤清器分离空气和其中灰尘的方法只有两种：一是力学分离法，二是（　　）。

A. 电子除尘　　B. 淋水除尘

C. 过滤分离法　　D. 拍打除尘

4. 通过将空气压缩后再供入气缸，使进气量增加的技术称为（　　）。

A. 进气增压　　B. 谐振增压

C. 惯性增压　　D. 二次空气喷射

任务实施

一、实施前的准备工作

1. 常规准备工作：卫生清扫、场地安全确认、人数清点等。
2. 确认所需器材和工量具。
3. 操作者穿戴好防护装备。
4. 进行车辆安全防护操作。

扫码看微课

更换空气滤芯微视频

二、空气滤清器的检查与更换

1. 空气滤清器的拆卸与检查

（1）将车辆停好，拉紧手刹，安装车轮挡块。

（2）打开发动机舱盖，安装汽车防护套，确认空气滤清器位置。

（3）断开空气流量传感器电气连接器1。

（4）松开线束卡夹2。

（5）拆下空气滤清器上壳体螺栓，取下空气滤清器上壳体。

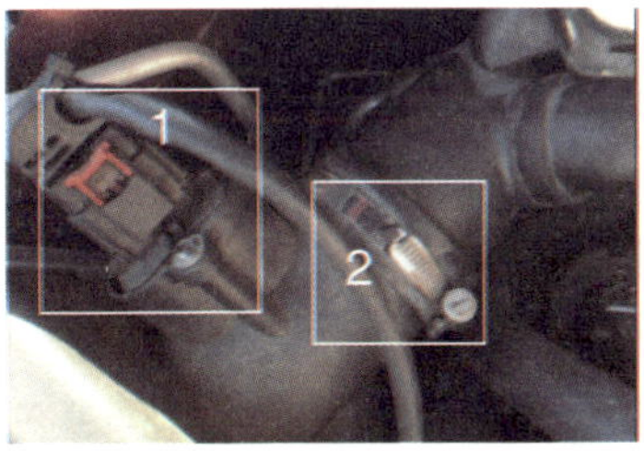

1—空气流量传感器电气连接器；
2—线束卡夹

空气滤清器位置

空气滤清器上壳体螺栓

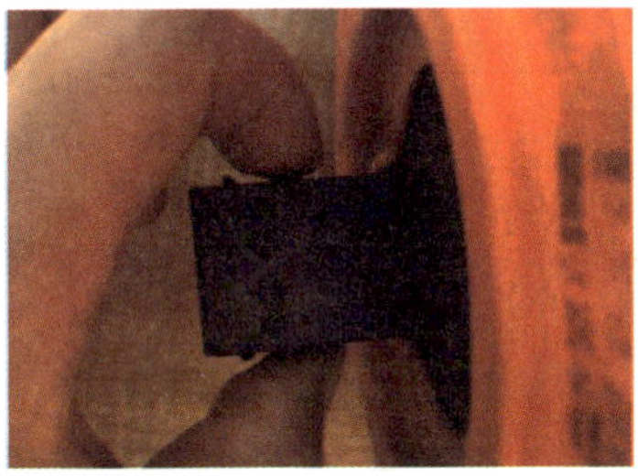

按压两个紧固件

取出空气滤芯

(6)按压两个紧固件并移动空气滤芯，将空气滤芯从空气滤清器托架松开，取出空气滤芯。

(7)检查是否有较多的尘土，可以轻轻拍打滤芯端面，或利用吹气枪由里向外清洁滤芯上的尘土，切勿用自来水进行冲洗。

注意：使用吹气枪时，不要面对着人操作。

(8)检查空气滤清器，如果已经发黑堵塞，则需要更换新的空气滤芯。

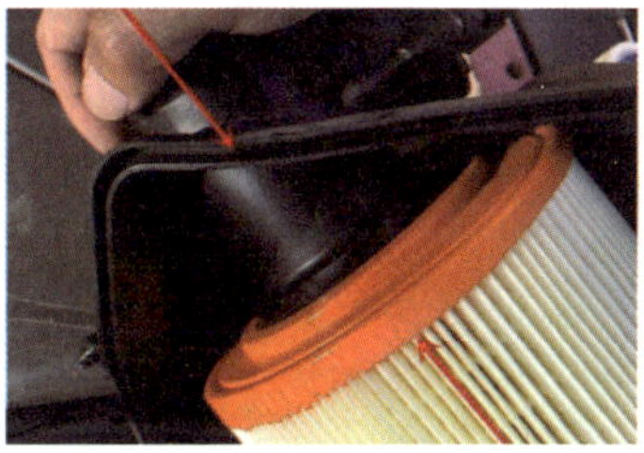

安装空气滤芯

2.空气滤清器的更换

(1)将空气滤清器上、下壳体进行彻底清洁。

(2)安装新空气滤清器或清洁后的空气滤芯，听到头部定位卡扣“咔哒”一声即安装到位。

定位卡扣

(3)将空气滤芯安装在空气滤清器托架上。

(4)安装空气滤清器上壳体，将上壳体螺栓拧紧至2.5 N·m，确保安装好的空气滤清器上壳体密封牢固。

(5)安装线束卡夹。

(6)连接空气流量传感器电气连接器。

(7)起动发动机，检查进气歧管是否漏气。

(8)如无漏气，将车辆熄火，收起防护布、关闭发动机舱盖，收起车轮挡块。

(9)清洁车辆、场地，整理工具。

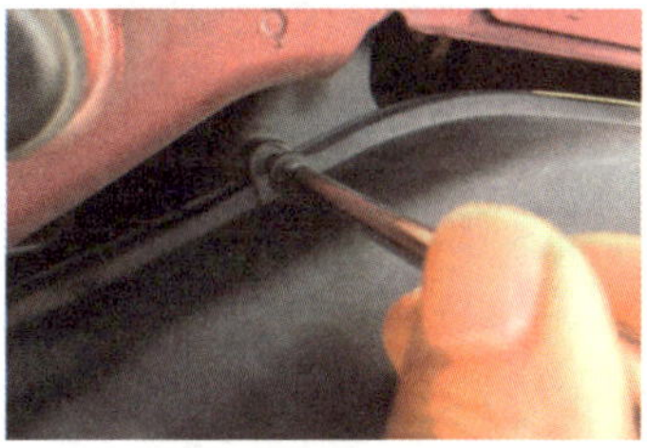

紧固上壳体螺栓

任务工单

<table>
<tr><td>工作任务</td><td colspan="7">空气滤清器的检查与更换</td></tr>
<tr><td>姓名</td><td></td><td>学号</td><td></td><td>班级</td><td></td><td>日期</td><td></td></tr>
<tr><td colspan="8">车辆信息</td></tr>
<tr><td>车型</td><td colspan="2"></td><td>生产年份</td><td colspan="2"></td><td>制造厂</td><td></td></tr>
<tr><td>VIN码</td><td colspan="3"></td><td colspan="2">发动机型号</td><td colspan="2"></td></tr>
<tr><td colspan="8">本次更换里程:________________
下次更换里程:________________</td></tr>
</table>

<table>
<tr><td colspan="3">情感面(作业安全、职业操守)</td></tr>
<tr><td>操作点(共15分)</td><td>学生评价总结</td><td>教师评估</td></tr>
<tr><td>1. 能进行工位“6S”操作(共3分)
□1.1 整理、整顿(1分)
□1.2 清理、清洁(1分)
□1.3 素养、安全(1分)
2. 能进行设备器材的安全检查(共2分)
□2.1 检查作业所需要的工具和设备是否完备(1分)
□2.2 检查举升机的举升情况是否正常(1分)
3. 能进行车辆安全防护操作(共3分)
□3.1 正确安装车辆翼子板布(1分)
□3.2 正确安装车内三件套(1分)
□3.3 正确安装车轮挡块(1分)
□4. 能穿戴好防护装备(共1分)
5. 能进行工量具清洁、校准、存放操作(共3分)
□5.1 使用前对工量具进行校准(1分)
□5.2 使用后对工量具进行清洁(1分)
□5.3 作业完成后对工量具进行复位(1分)
6. 能进行“三不落地”操作(共3分)
□6.1 作业过程做到油液不落地(1分)
□6.2 作业过程做到零件不落地(1分)
□6.3 作业过程做到工具不落地(1分)</td><td></td><td></td></tr>
<tr><td colspan="3">技能面(应用技能、操作技能)</td></tr>
<tr><td>操作点(共21分)</td><td>学生评价总结</td><td>教师评估</td></tr>
<tr><td>1. 检查空气滤清器情况(共12分)
□1.1 检查空气滤芯(3分)
□1.2 检查空气滤清器上、下壳体是否有裂纹(3分)
□1.3 检查空气滤清器上、下壳体是否有变形(3分)
□1.4 检查空气滤清器上、下壳体是否有破损(3分)</td><td></td><td></td></tr>
</table>

续表

2. 检查进气系统连接情况（共9分） □2.1 检查进气软管是否有破裂（3分） □2.2 检查进气软管是否有老化（3分） □2.3 检查进气软管卡箍是否松动（3分）		
作业面（保养作业）		
操作点（共38分）	学生评价总结	教师评估
空气滤清器的检查与更换（共38分） □1. 确认空气滤清器与车辆匹配（3分） □2. 确认车辆停放安全（3分） □3. 确认空气滤清器在发动机舱内的位置（3分） □4. 拆卸空气滤清器上壳体（10分） □5. 对旧空气滤清器进行检查，确认是否更换（9分） □6. 更换空气滤清器（5分） □7. 检查进气系统连接情况，是否漏气（5分）		
信息面（信息录入、检索、应用）		
操作点（共16分）	学生评价总结	教师评估
□1. 能正确使用维修手册查询资料（共4分） □2. 能正确查询空气滤清器更换周期（共4分） □3. 能在规定时间内查询所需资料（共4分） □4. 能正确记录所需信息（共4分）		
工具及设备使用能力		
操作点（共10分）	学生评价总结	教师评估
□1. 能正确选用维修工具（共5分） □2. 正确使用吹气枪（共5分）		

任务3　汽油滤清器的更换

工作任务	汽油滤清器的更换	教学方法	任务驱动法
建议学时	4	教学地点	理实一体化实训室
教学目标	1.能够按照正确的操作流程更换汽油滤清器。 2.能够主动获取信息，熟悉汽车使用情况，培养与他人有效沟通的能力和服务意识。 3.培养学生绿色、开放的发展观念。		
设备器材	别克威朗1辆，举升机，维修资料，废液收集器，常用工具一套，CH-807螺塞，新汽油滤清器1个，车辆防护装备，干净棉布，手套，工作手册式教材，网络教学资源等。		
任务引入	小王的爱车行驶20500公里①后，到"4S"店进行维护。维修人员检查发现汽车起动困难，踩油门时，动力起来较慢。发现其燃油系统存在堵塞，经建议，小王同意更换汽油滤清器。 你作为修理人员，请制订工作计划，完成今天的更换汽油滤清器任务。 		

知识储备

一、基础知识

汽油供给装置由汽油箱、汽油滤清器、汽油泵及油管组成，其作用是贮存、滤清和输送燃油。

电喷汽油机的燃油系统由喷油器、冷起动喷油器、燃油压力调节器、燃油滤清器、汽油箱和电动汽油泵组成。该系统将燃油加压后，根据电脑的指令喷射燃油。

汽油滤清器的作用是滤去汽油中的水分、杂质和胶质，它分为可拆式(可定期清洗，多次使用或更换滤芯)和不可拆式(一次性)两种。

目前多数发动机上装的都是一次性不可拆式的纸质滤芯汽油滤清器，更换周期一般为20000公里。

扫码看微课

化油器式喷油系统动态图

①公里，长度单位，1公里=1千米。因行业习惯，本书保留"公里"这一名词，英文用km表示，全书统一。特此说明。

二、知识巩固

扫码看微课

汽油滤清器的分类

1.认识下列汽油供给系统各元件，并在实训车辆中找出来。

（1）________________；（2）________________；

（3）________________；（4）________________。

（1）

（2）

（3）

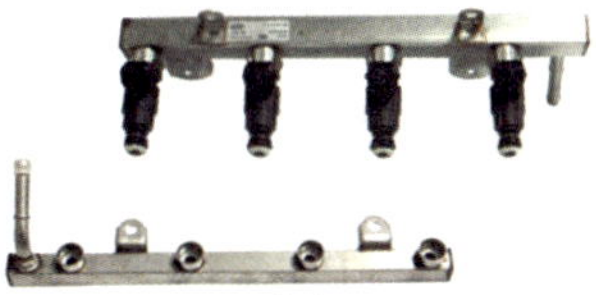

（4）

2.燃油系统由______________、冷起动喷油器、燃油压力调节器、______________、汽油箱和______________组成。

3.供给燃油系统足够的具有规定压力的汽油的部件是（　　）。

A.电动汽油泵　　B.喷油器

C.汽油箱　　D.燃油压力调节器

4.汽油滤清器的作用是______________，它的更换周期是______________。

任务实施

一、实施前的准备工作

扫码看微课

更换汽油滤清器（动画仿真）

1.常规准备工作：卫生清扫、场地安全确认、人数清点等。

2.别克威朗1辆、举升机、维修资料、常用工具一套、CH-807螺塞、工作手册式教材、网络教学资源等。

3.新汽油滤清器1个、机油收集器1套。

4.操作者穿戴好防护装备。

5.进行车辆安全防护操作。

二、汽油滤清器的更换

1.汽油滤清器的更换

（1）将汽车停放在平坦的路面上，安装车轮挡块、座椅套、地板垫和方向盘套，做好汽车安全防护。

（2）将发动机熄火，断开车辆的油泵继电器，运行发动机，直至发动机熄火，再次起动发动机，确认不能起动。（供油系统卸压处理）

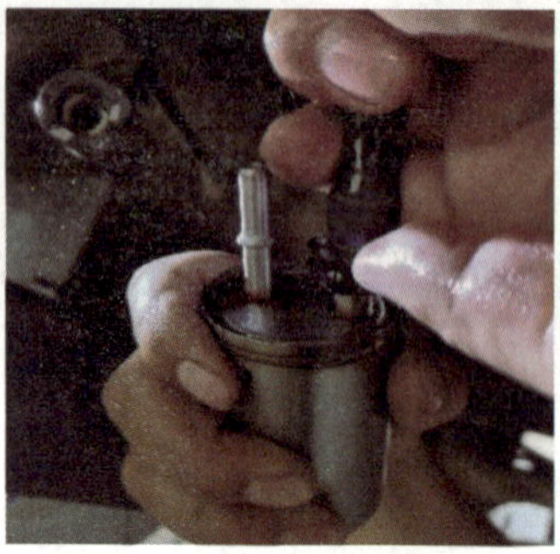

中间管和供油管塑料挡圈快速接头

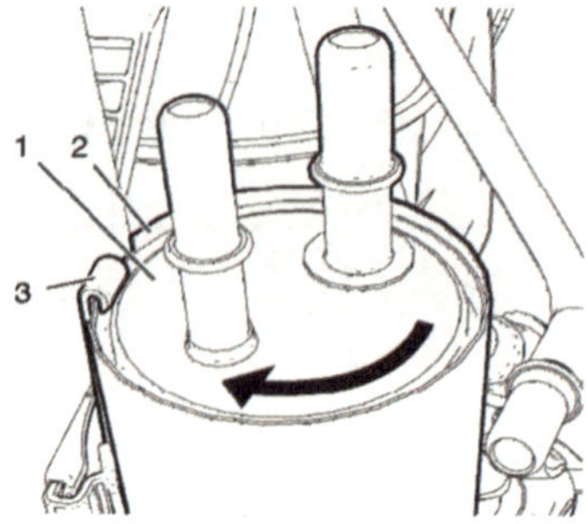

按箭头方向旋转汽油滤清器，直到卡夹3从边缘2完全松开

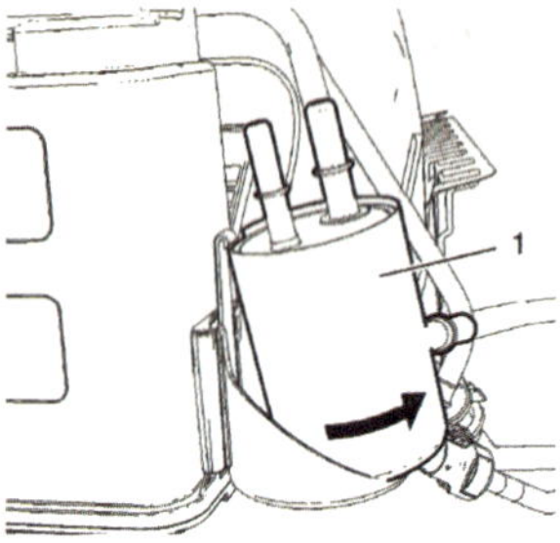

按箭头方向倾斜汽油滤清器1，直至将滤清器拆下

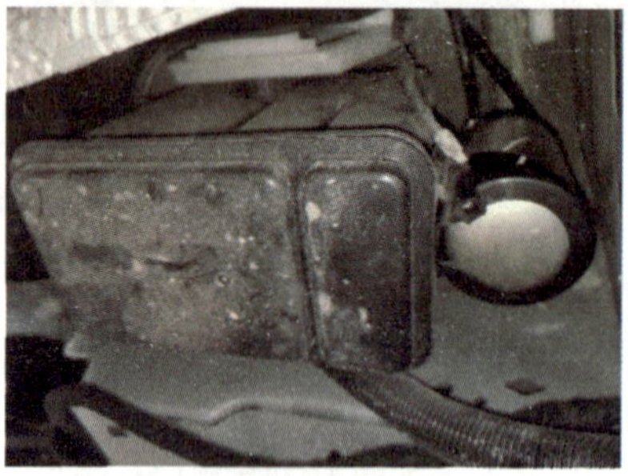

观察是否漏油

(3)断开蓄电池负极电缆。举升汽车，将废液收集器放置在汽油滤清器下方。

(4)松开汽油滤清器供油中间管和供油管塑料挡圈快速接头，用CH-807螺塞堵住燃油管，转动滤清器直到卡夹3从边缘2完全松开。

(5)沿箭头方向倾斜汽油滤清器，并将汽油滤清器从蒸气活性炭罐上拆下。

(6)将新汽油滤清器定位到卡夹所需位置上，倾斜汽油滤清器，转动滤清器直到卡夹位于边缘上，取下CH-807螺塞，将供油中间管和供油管安装到汽油滤清器上。

注意：安装时倾斜方向和旋转方向与拆卸时相反。

(7)移出废液收集器，降下车辆。

(8)装上蓄电池负极电缆，起动发动机怠速运行几分钟，将车升至最高位置，观察汽油滤清器接口部位是否漏油，如无泄漏即更换完成。

(9)收起防护布，关闭发动机舱盖，收起车轮挡块。

(10)清洁车辆、场地，整理工具。

扫码看微课

汽油滤清器的更换微视频

任务工单

工作任务	汽油滤清器的更换						
姓名		学号		班级		日期	
车辆信息							
车型		生产年份		制造厂			
VIN码		发动机型号					

本次更换汽油滤清器里程:____________________

下次更换里程:____________________

情感面(作业安全、职业操守)

操作点(共15分)	学生评价总结	教师评估
1. 能进行工位"6S"操作(共3分) □1.1 整理、整顿(1分) □1.2 清理、清洁(1分) □1.3 素养、安全(1分) 2. 能进行设备器材的安全检查(共2分) □2.1 检查作业所需要的工具和设备是否完备(1分) □2.2 检查举升机的举升情况是否正常(1分) 3. 能进行车辆安全防护操作(共3分) □3.1 正确安装车辆翼子板布(1分) □3.2 正确安装车内三件套(1分) □3.3 正确安装车轮挡块(1分) □4. 能穿戴好防护装备(共1分) 5. 能进行工量具清洁、校准、存放操作(共3分) □5.1 使用前对工量具进行校准(1分) □5.2 使用后对工量具进行清洁(1分) □5.3 作业完成后对工量具进行复位(1分) 6. 能进行"三不落地"操作(共3分) □6.1 作业过程做到油液不落地(1分) □6.2 作业过程做到零件不落地(1分) □6.3 作业过程做到工具不落地(1分)		

技能面(应用技能、操作技能)

操作点(15分)	学生评价总结	教师评估
□1. 检查供油系统卸压情况(共9分) 2. 检查汽油泄漏情况(共6分) □2.1 检查汽油滤清器是否泄漏(3分) □2.2 检查油管是否老化、是否泄漏(3分)		

续表

作业面(保养作业)		
操作点(共45分)	学生评价总结	教师评估
更换汽油滤清器(共45分) □1.供油系统卸压处理(9分) □2.确认汽油滤清器与车辆匹配(4分) □3.确认车辆安全稳定地支撑在举升机上(4分) □4.放置废液收集器(4分) □5.更换汽油滤清器(20分) □6.起动车辆,检查汽油是否泄漏(4分)		
信息面(信息录入、检索、应用)		
操作点(共13分)	学生评价总结	教师评估
□1. 能正确使用维修手册查询资料(共3分) □2. 能正确查询汽油滤清器更换周期(共3分) □3.能在规定时间内查询所需资料(共3分) □4.能正确记录所需信息(共4分)		
工具及设备使用能力		
操作点(共12分)	学生评价总结	教师评估
□1.能正确选用维修工具(共3分) □2.能正确使用维修工具进行拆装(共3分) □3.能正确使用废液收集器(共3分) □4.能正确使用举升机(共3分)		

任务4 冷却液的更换

工作任务	冷却液的更换	教学方法	任务驱动法
建议学时	4	教学地点	理实一体化实训室
教学目标	1.能够正确选用合适的冷却液。 2.能够按照正确的操作流程添加和更换冷却液。 3.能够主动获取信息，熟悉汽车使用情况，培养与他人有效沟通的能力和服务意识。		
设备器材	别克威朗1辆，举升机，维修资料，器皿加热器1套，温度计1只，节温器1只，冷却液1桶(约4 L)，废液收集器1套，防护装备，工作手册式教材，网络教学资源等。		
任务引入	小王在开车过程中发现水温表指针指示到了红色区域，水温报警灯不停闪烁，小王的第一反应“开锅了”。 小王立即将车驶入汽车维修“4S”站，技师在检查中发现冷却液的冰点为-13 ℃，其防冻能力已经明显下降，经询问，小王汽车上的冷却液已使用5年未曾更换，期间曾添加过 2 次。需要更换冷却液。 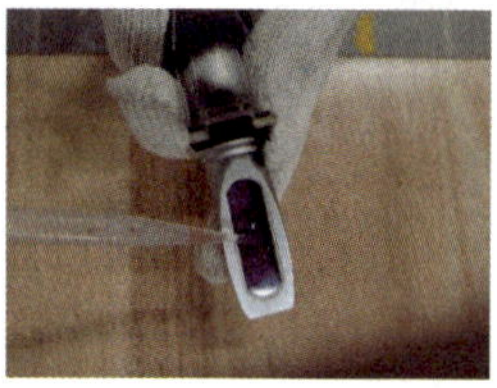		

知识储备

一、基础知识

冷却系统可分为水冷和风冷两大类。汽车发动机一般采用水冷系统，应使气缸内的冷却液温度在80～90 ℃之间。

水冷系统由冷却装置、冷却强度调节装置和水温显示装置三部分组成。

冷却装置包括水泵、风扇、散热器等；冷却强度调节装置包括节温器(又叫恒温器或调温器)、风扇离合器、百叶窗等；水温显示装置包括水温表、水温传感器等。

冷却系统的作用是使工作中的发动机得到适度的冷却，从而保证发动机在最适宜的温度范围内工作。

冷却液的循环路线有小循环、大循环和混合循环三种。

扫码看微课

汽车发动机冷却系统的工作动画

小循环：当发动机水温低于70 ℃时，节温器主阀门关，副阀门开。冷却液由气缸盖水套流出，经节温器副阀门、旁通管进入水泵，并经水泵进入气缸体水套。(不流经散热器)

大循环：当温度高于80 ℃时，节温器主阀门开，副阀门关。冷却液由主阀门进入散热器，水温迅速下降，再由水泵送入气缸体水套。(要流经散热器)

混合循环：当水温在70～80 ℃之间时，节温器主、副阀门都处于部分开启状态，此时，大、小循环都存在，只有部分冷却液流经散热器进行散热。

冷却液是用水与防冻剂配制而成的。冷却液用水应是软水，即含矿物质(钙)少的水，天然软水有江水、河水、湖(淡水湖)水等，或者纯净水(如蒸馏水、未受污染的雨水、雪水等)。

冷却液具有防冻、防沸腾、防锈蚀和抑制泡沫产生的作用。应定期更换冷却液。

二、知识巩固

1.认识冷却系统各元件，并在实训车辆中找出来。

(1)________________；　　(2)________________；

(3)________________；　　(4)________________；

(5)________________；　　(6)________________。

(1)　(2)　(3)　(4)　(5)　(6)

2.汽车冷却系统的任务就是(　　)。

A.保证发动机在高温下工作

B.保证发动机在低温下工作

C.保证发动机在最适宜的温度范围内工作

3.发动机冷却液过少，会造成(　　)。

A.发动机温度过低

B.发动机温度过高，甚至拉缸

C.无影响

4.在下图中画出汽车冷却系统冷却液的大、小循环路线。

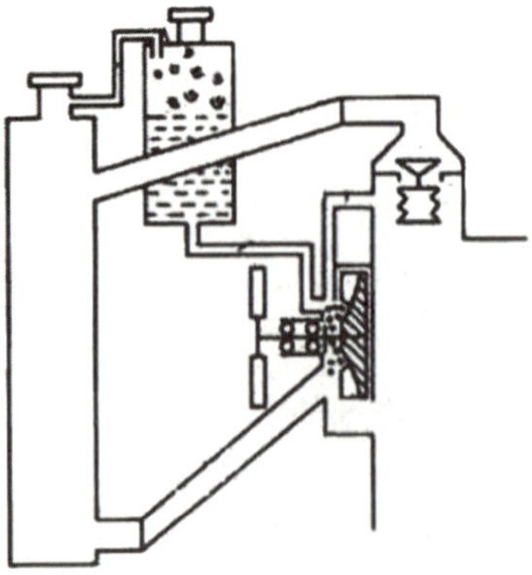

(1)大循环路线

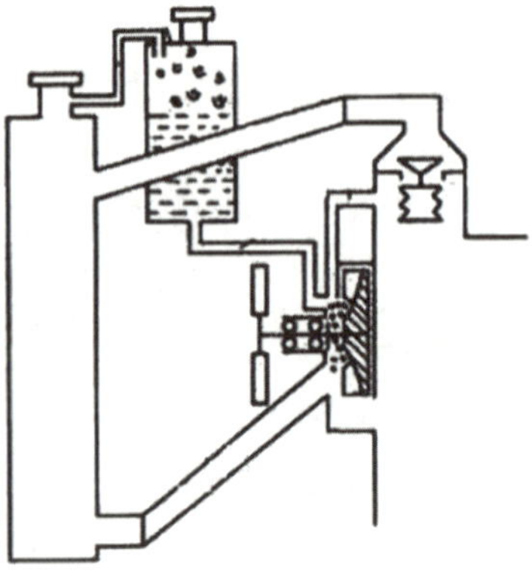

(2)小循环路线

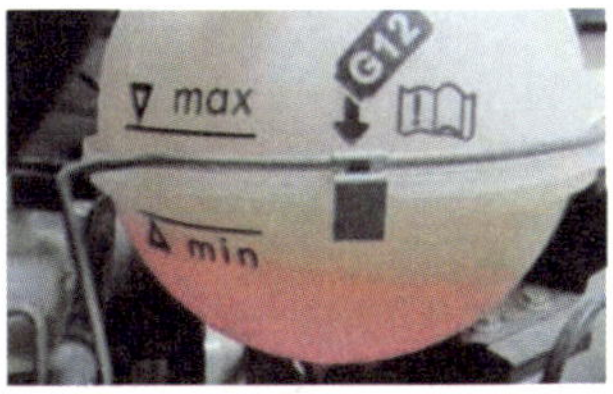

5. 冷却液又叫________,其作用具有________________。

6. 判断右图冷却液的液位是否正常。(　　)

7. 冷却液的颜色一般有红色、绿色、蓝色等。不同品牌、型号、颜色的防冻液________(选填:能、不能)混合添加。

8. 测量冷却液的冰点需要使用______________。

任务实施

一、实施前的准备工作

扫码看微课

冷却液的更换微视频

1. 常规准备工作:卫生清扫、场地安全确认、人数清点等。
2. 器皿加热器1套、温度计1只、节温器1只。
3. 冷却液1桶(约4 L)、废液收集器1套。
4. 操作者穿戴好防护装备(防护服、护目镜、防护手套)。
5. 进行车辆安全防护操作。

二、冷却液的更换

1.冷却液的排放

(1)将汽车停放在平坦的路面上,安装车轮挡块,座椅套、地板垫和方向盘套,做好汽车安全防护。

(2)打开发动机舱盖,等发动机温度降低后,拧开冷却液储液罐盖。

(3)举升和顶起车辆。

(4)将排放软管2安装到散热器喷嘴上。

(5)打开散热器上的排放螺钉1,排空冷却液,并严格按有关法规处理废弃的冷却液。

(6)降下车辆。

1—排放螺钉;2—排放软管

冷却液储液罐位置

扫码看微课

冷却液温度传感器的检测微视频

2.冷却系统的清洗

(1)闭合排放螺钉,用干净的饮用水不断地加注到补偿水箱中。

(2)起动发动机并在2000转/分状态下运行,直到节温器打开。

(3)关闭发动机,排空冷却液系统。

(4)重复以上步骤,直到冷却系统排出的水无色。

注意:不要使用化学清洗剂。

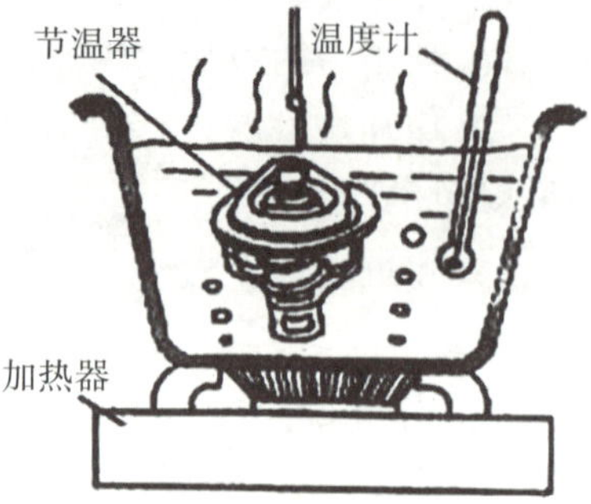

节温器的检测

3.冷却系统主要部件的检测

(1)橡胶软管的检查:检查冷却橡胶软管是否老化,是否有裂纹。

(2)节温器的检测:

A.就车拆卸节温器盖,取出节温器总成。

B.将拆下的节温器放在盛有冷水的器皿中,然后逐渐加热,如右图所示。

冷却液的加注

4.冷却液的加注

(1)排放冷却液后,闭合散热器上的排放螺钉,拔下排放软管。

注:带空调的车辆,应关闭空调。

(2)拆下散热器上的通风螺钉,当冷却液流出到松开的通风螺钉时,闭合通风螺钉。

(3)加满冷却液直到补偿水箱上排气喷嘴的底线。当冷却液停止下降时,加注冷却液直到管口下方的底线1。

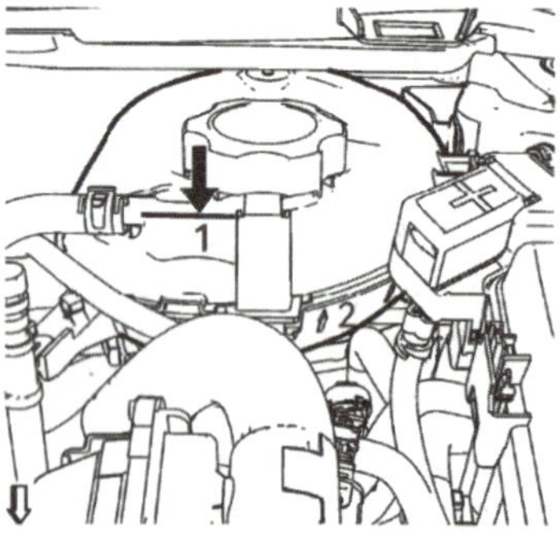

加注冷却液直到管口下方的底线1

(4)起动发动机,继续加注冷却液至管口下方的底线1并拧紧盖。

(5)在怠速转速高达2500转/分时,预热发动机,直到散热器风扇设置开关接通。

(6)踩下加速踏板3次,使发动机的速度不超过2500转/分,通风冷却系统。

(7)关闭发动机,使发动机自然冷却。

(8)检查冷却液液位并矫正冷却液至焊接区域2。

检查冷却液液位并矫正冷却液至焊接区域2

(9)收起防护布,关闭发动机舱盖,收起车轮挡块。

(10)清洁车辆、场地,整理工具。

任务工单

工作任务	冷却液的更换						
姓名		学号		班级		日期	
车辆信息							
车型		生产年份		制造厂			
VIN码		发动机型号					

冷却液型号:________________

冷却液更换周期:________________

放水螺栓扭矩:________________

检查冷却橡胶软管是否老化,是否有裂纹:________________

节温器的检查:节温器阀门开始动作时的温度________________,阀门全部打开时的温度________________。

情感面(作业安全、职业操守)

操作点(共16分)	学生评价总结	教师评估
1.能进行工位“6S”操作(共3分) □1.1 整理、整顿(1分) □1.2 清理、清洁(1分) □1.3 素养、安全(1分) 2.能进行设备器材的安全检查(共2分) □2.1 检查作业所需要的工具和设备是否完备(1分) □2.2 检查举升机的举升情况是否正常(1分) 3.能进行车辆安全防护操作(共3分) □3.1 正确安装车辆翼子板布(1分) □3.2 正确安装车内三件套(1分) □3.3 正确安装车轮挡块(1分) 4. 能穿戴好防护装备(共3分) □4.1 防护服(1分) □4.2 护目镜(1分) □4.3 防护手套(1分) 5. 能进行工量具清洁、校准、存放操作(共2分) □5.1 使用后对工量具进行清洁(1分) □5.2 作业完成后对工量具进行复位(1分) 6. 能进行“三不落地”操作(共3分) □6.1 作业过程做到油液不落地(1分) □6.2 作业过程做到水液不落地(1分) □6.3 作业过程做到工具不落地(1分)		

续表

技能面(应用技能、操作技能)		
操作点(共29分)	学生评价总结	教师评估
1. 检查冷却液液位情况(共8分) □1.1 检查液位时,确定冷却液温度在安全温度之内(2分) □1.2 拧松水箱盖时使用毛巾做防护(2分) □1.3 找到水箱水壶的高低刻度线(2分) □1.4 正确读出冷却液液位(2分) 2. 检查冷却液泄漏情况(共21分) □2.1 检查放水螺栓处是否泄漏(3分) □2.2 检查各水管接头处是否泄漏(3分) □2.3 检查水箱是否泄漏(3分) □2.4 检查补偿水壶是否泄漏(3分) □2.5 检查节温器处是否泄漏(3分) □2.6 检查水泵处是否泄漏(3分) □2.7 检查水温传感器处是否泄漏(3分)		
作业面(保养作业)		
操作点(共33分)	学生评价总结	教师评估
更换冷却液(共33分) □1. 确认冷却液与车辆匹配(2分) □2. 确认车辆安全稳定地支撑在举升机上(2分) □3. 放置废液收集器(2分) □4. 排放冷却液(10分) □5. 清洗冷却系统(6分) □6. 加注冷却液(5分) □7. 起动车辆检查冷却液液位是否正常(3分) □8. 检查冷却液是否泄漏(3分)		
信息面(信息录入、检索、应用)		
操作点(共12分)	学生评价总结	教师评估
1. 能正确使用维修手册查询资料(共3分) □1.1 查询冷却液型号(1.5分) □1.2 查询放水螺栓扭矩规格(1.5分) □ 2. 能正确查询冷却液更换周期(共3分) □3. 能在规定时间内查询所需资料(共3分) □4. 能正确记录所需信息(共3分)		
工具及设备使用能力		
操作点(共10分)	学生评价总结	教师评估
□1. 能正确选用维修工具(共2分) □2. 能正确使用检测工具(共2分) □3. 能正确使用加热器加热套(共2分) □4. 能正确使用废液收集器(共2分) □5. 能正确使用举升机(共2分)		

任务5　制动液的更换

工作任务	制动液的更换	教学方法	任务驱动法
建议学时	4	教学地点	理实一体化实训室
教学目标	1.能够正确选择合适的制动液。 2.能够按照正确的操作流程更换制动液。 3.能对制动系统进行排气。 4.能够主动获取信息，熟悉汽车使用情况，培养团队协作能力和服务意识。 5.培养学生绿色、开放的发展观念。		
设备器材	别克威朗1辆，举升机，维修资料，制动液更换工具，扳手，新制动液，沸点分析仪，含水率计，车辆防护装备，干净棉布，护目镜，手电筒，工作手册式教材，网络教学资源等。		
任务引入	小王在“4S”店对爱车进行维护时，经检查，发现制动液的沸点和含水率都不达标，建议更换制动液。 如何对冷却液进行更换呢？ 		

知识储备

一、基础知识

制动系统主要由供能装置、控制装置、传动装置和制动器四部分组成。一般制动系统主要由车轮制动器和液压传动、气压传动机构组成。

制动系统的主要功用是使行驶中的汽车减速甚至停车，使下坡行驶的汽车速度保持稳定，使已停驶的汽车保持不动。

制动液是液压制动系统中传递制动压力的液态介质，使用在采用液压制动系统的车辆中。

制动液又称刹车油，是制动系统制动时不可缺少的部分。在制动系统之中，制动液是作为传递力的介质，因为液体是不能被压缩的，所以从总泵输出的压力会通过制动液直接传递至分泵之中。

扫码看微课

制动系统工作原理动态图

汽车减速时，踩下制动踏板，通过推杆和主缸活塞，使主缸油液在一定压力下流入轮缸，并通过两轮缸活塞推动制动蹄绕支承销转动，上端向两边分开而以其摩擦片压紧在制动鼓的内圆面上。不转的制动蹄对旋转制动鼓产生摩擦力矩，从而产生制动力。

二、知识巩固

1.描述制动系统的组成，并在实训室车辆中找出相关零部件。

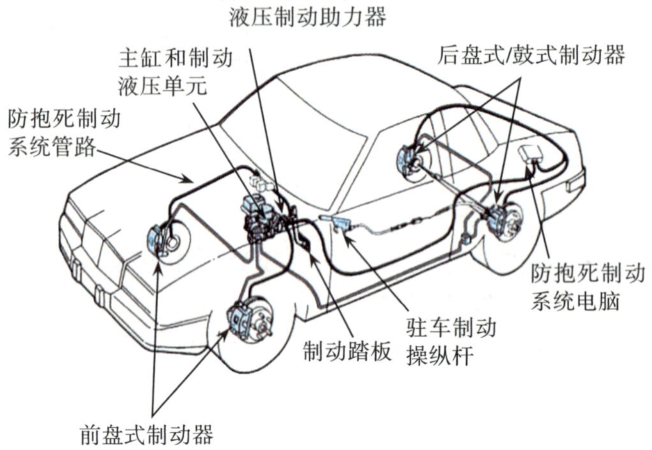

2.制动系统的功用有(　　)。

A.降低汽车的行驶速度

B.使行驶中的汽车停止运行

C.使已停驶的汽车保持不动

D.在最大制动时能够进行方向控制

3.制动液又称____________，制动液吸水性很强，对制动系统元件产生腐蚀，影响制动性。所以在更换制动液时，要注意制动液的滴漏现象。

4.制动液的更换周期为____________。

任务实施

一、实施前的准备工作

1.常规准备工作：卫生清扫、场地安全确认、人数清点等。

2.确认所需器材与工具：别克威朗1辆、举升机、维修资料、新制动液、制动液更换工具、沸点分析仪、含水率计、工作手册式教材、网络教学资源等。

3.操作者穿戴好防护装备。

4.进行车辆安全防护操作。

扫码看微课

制动液的更换
微视频

二、制动液的更换

1. 制动液的检查

（1）将汽车停放好，拉好手刹。安装车轮挡块，座椅套、地板垫和方向盘套，做好汽车安全防护。

（2）打开发动机舱盖，检查储液罐内的制动液面情况。制动液面应位于储油罐上最高和最低刻度线之间。

（3）若液量不足，应首先对制动液进行泄漏检查（踏板施压法），然后补充制动液至规定位置。

（4）若制动液已变色变质，则应更换制动液：用沸点分析仪和含水率计分别进行检查。

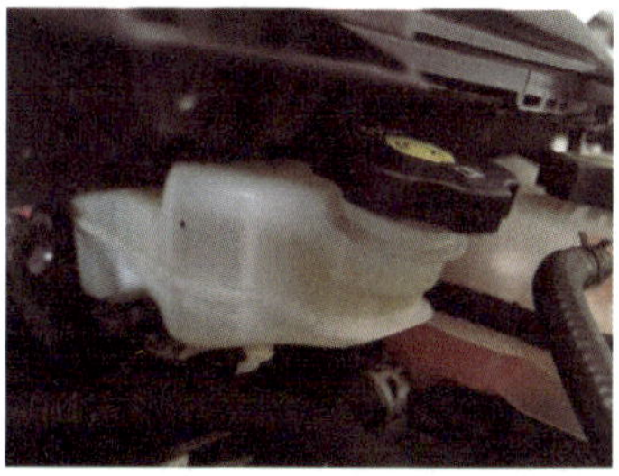

制动液储液罐

检查制动液的沸点和含水率

2. 制动液的更换（两人配合完成）

（1）打开制动液油壶盖，举升汽车。

（2）在每一个车轮上装上制动液更换工具：取下橡胶防尘帽，擦干净制动液放油口，将透明软管分别装在放油口和废油收集瓶上。

（3）用扳手拧松放油螺栓，车上操作人员反复踩制动踏板，旧制动液将从软管流入废油收集瓶中。

（4）落下车辆，边放油边观察储油罐液面，随液面下降添加新制动液。

（5）待出油清亮后，举升车辆，拧紧放油口螺栓。

（6）车上人员反复踩刹车踏板到最高点并踩住不松脚，给制动系统加压；车下人员松开放油螺栓，排出制动系统中的空气和制动液。

（7）以上操作反复几次，直至放出的制动液中无气泡冒出为止。

注意：更换制动液顺序应该先远后近，先后轮再前轮。如“右后、左前、左后、右前”的顺序。

（8）排气完成后，放下汽车，将制动液添加至规定位置。

（9）收起防护布，关闭发动机舱盖，收起车轮挡块。

（10）清洁车辆、场地，整理工具。

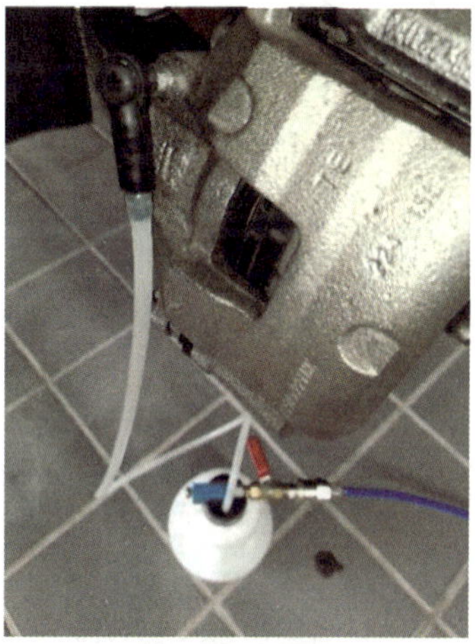

制动液的排放

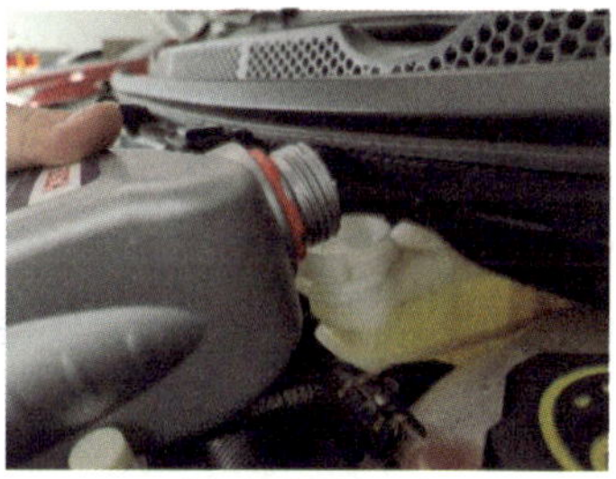

制动液的加注

任务工单

<table>
<tr><td>工作任务</td><td colspan="7">制动液的更换</td></tr>
<tr><td>姓名</td><td></td><td>学号</td><td></td><td>班级</td><td></td><td>日期</td><td></td></tr>
<tr><td colspan="8">车辆信息</td></tr>
<tr><td>车型</td><td colspan="2"></td><td>生产年份</td><td colspan="2"></td><td>制造厂</td><td></td></tr>
<tr><td>VIN码</td><td colspan="3"></td><td>发动机型号</td><td colspan="3"></td></tr>
<tr><td colspan="8">制动液液位是否正常：______________
制动液沸点：______________
制动液含水率：______________
本次更换里程：______________　　下次更换里程：______________</td></tr>
<tr><td colspan="8">情感面(作业安全、职业操守)</td></tr>
<tr><td colspan="4">操作点(共15分)</td><td colspan="2">学生评价总结</td><td colspan="2">教师评估</td></tr>
<tr><td colspan="4">1. 能进行工位“6S”操作(共3分)
□1.1 整理、整顿(1分)
□1.2 清理、清洁(1分)
□1.3 素养、安全(1分)
2. 能进行设备器材的安全检查(共2分)
□2.1 检查作业所需要的工具的设备是否完备(1分)
□2.2 检查举升机的举升情况是否正常(1分)
3. 能进行车辆安全防护操作(共3分)
□3.1 正确安装车辆翼子板布(1分)
□3.2 正确安装车内三件套(1分)
□3.3 正确安装车轮挡块(1分)
□4. 能穿戴好防护装备(共1分)
5. 能进行工量具清洁、校准、存放操作(共3分)
□5.1 使用前对工量具进行校准(1分)
□5.2 使用后对工量具进行清洁(1分)
□5.3 作业完成后对工量具进行复位(1分)
6. 能进行“三不落地”操作(共3分)
□6.1 作业过程做到油液不落地(1分)
□6.2 作业过程做到零件不落地(1分)
□6.3 作业过程做到工具不落地(1分)</td><td colspan="2"></td><td colspan="2"></td></tr>
</table>

续表

技能面（应用技能、操作技能）		
操作点（12分）	学生评价总结	教师评估
1.检查制动液情况（共6分） □1.1 读取制动液液位时，应用手电筒照明（3分） □1.2 提取制动液，制动液不滴漏（3分） 2.检查排气情况（共6分） □2.1 排气前，释放真空制动助力器储存能量（3分） □2.2 在储液罐加注口使用毛巾做防护（3分）		
作业面（保养作业）		
操作点（共50分）	学生评价总结	教师评估
更换制动液（共50分） □1.检查制动液液位（5分） □2.提取制动液（5分） □3.检查制动液沸点（6分） □4.检查制动液含水率（6分） □5.安装制动液加注瓶，加注制动液（10分） □6.连接放油口和废油收集瓶（4分） □7.打开排气阀（4分） □8.对制动系统进行排气（10分）		
信息面（信息录入、检索、应用）		
操作点（共13分）	学生评价总结	教师评估
□1.能正确查询制动液使用型号（共3分） □2.能正确使用用户手册查询资料（共3分） □3.能在规定时间内查询所需资料（共3分） □4.能正确记录所需信息（共4分）		
工具及设备使用能力		
操作点（共10分）	学生评价总结	教师评估
□1.能正确选用维修工具（共2.5分） □2.能正确使用沸点分析仪（共2.5分） □3.能正确使用含水率计（共2.5分） □4.能正确使用举升机（共2.5分）		

任务6　雨刮器的维护与更换

工作任务	雨刮器的维护与更换	教学方法	任务驱动法
建议学时	2	教学地点	理实一体化实训室
教学目标	1.能够正确选择合适的雨刮器片。 2.能够正确地检查和更换雨刮器片。 3.能够主动获取信息，熟悉汽车使用情况，培养团队合作能力和服务意识。 4.培养绿色、开放的发展观念。		
设备器材	别克威朗1辆，维修资料，新雨刮器片，车辆防护装备，干净棉布，护目镜，手电筒，工作手册式教材，网络教学资源等。		
任务引入	小王最近使用雨刮时，有明显的“刮刮”声，并且挡风玻璃上留有水分和划痕。 经检查，发现雨刮器过分压紧玻璃，且雨刮条已老化，出现裂纹，应及时更换。 		

知识储备

一、基础知识

雨刮器又称为刮水器、水拨或挡风玻璃雨刷，是用来刮除附着于车辆挡风玻璃上的雨水及灰尘的设备，以改善驾驶人的能见度，增加行车安全性。

雨刮器总成含有电动机、减速器、四连杆机构、刮水臂心轴、雨刮器片等。当按下雨刮器的开关时，电动机启动，电动机的转速经过蜗轮-蜗杆的减速增扭作用驱动摆臂，摆臂带动四连杆机构，四连杆机构带动安装在前围板上的转轴左右摆动，最后由转轴带动雨刮片刮扫挡风玻璃。

扫码看微课

雨刮器简介微视频

二、知识巩固

1.电动刮水器系统由操纵开关、控制电脑和__________执行装置三部分组成。

2.刮水器共有(　　)个挡位。

3.雨刮器片是否需要定期更换？

____

4.洗洁精是否可以替代玻璃清洗液？

____

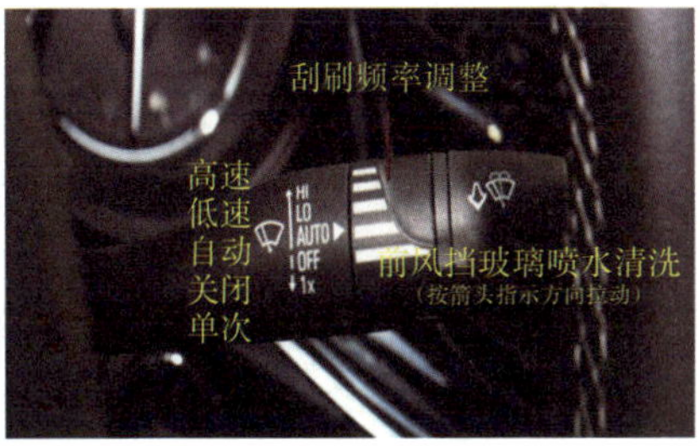

刮水器操纵开关

任务实施

扫码看微课

雨刷的更换
微视频

一、实施前的准备工作

1.常规准备工作：卫生清扫、场地安全确认、人数清点等。

2.确认所需器材与工具：别克威朗1辆、维修资料、新雨刮器片、工作手册式教材、网络教学资源等。

3.操作者穿戴好防护装备。

4.进行车辆安全防护操作。

二、雨刮器的维护与更换

1.雨刮器的检查

(1)将汽车停放好，拉好手刹。安装车轮挡块，座椅套、地板垫和方向盘套，做好汽车安全防护。

(2)打开发动机舱盖，安装防护套，目视检查清洗液液位的位置，应在规定的范围内，若缺少应添加。

玻璃水储液罐

注意：切勿在没有清洗液或清洗液不足的情况下操作喷水器装置，否则会损坏喷水电机。

(3)在保证清洗液足够的情况下，拨动喷水器喷射开关，观察有无清洗液喷出，检查喷嘴是否堵塞。

(4)拨动喷水器喷射开关，观察所喷洒出的清洗液的高度和喷洒位置，要求高度位于风窗玻璃的三分之二处和喷洒在雨刮片工作范围内。

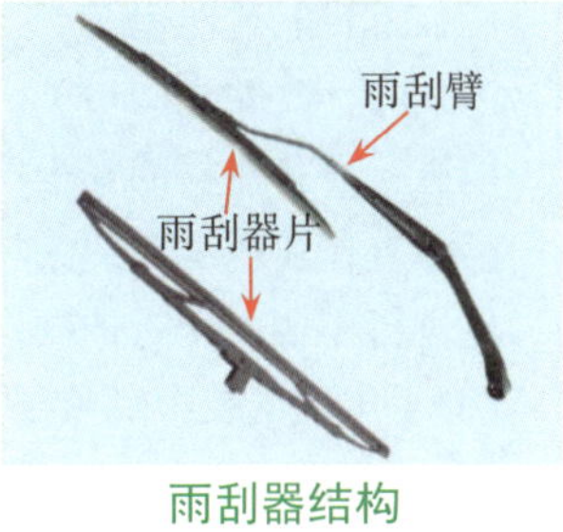

雨刮器结构

(5)检查喷水时雨刮器的联动情况。

(6)拨动开关，检查雨刮器片的工作情况及磨损情况。

2.雨刮器片的更换

(1)关闭点火开关，将雨刮器总成抬起一点，离开挡风玻璃。

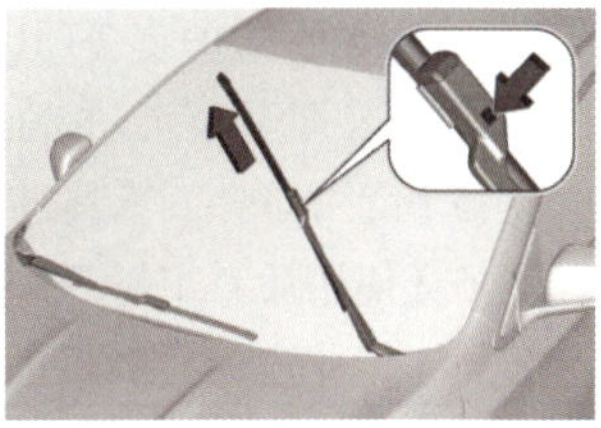

拆下雨刮器片

(2)一只手抓住雨刮器片，另一只按下按钮松开雨刮器片，并拆下。

(3)取下雨刮器片。

(4)将新雨刮器片对准雨刮臂固定杆并向下插入。直到听到“咔嗒”声为止。

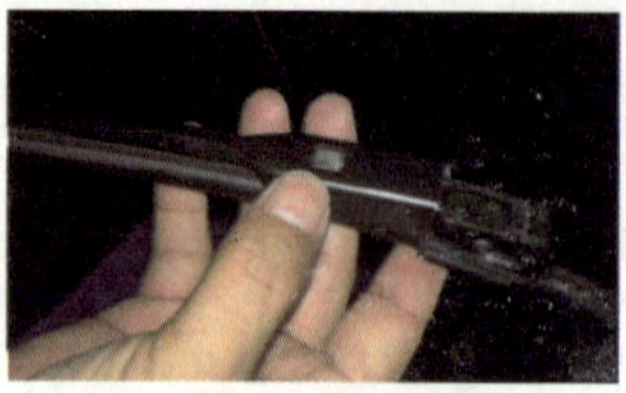

安装新雨刮器片

注意:雨刮器片在分离状态时,注意雨刮器臂不要碰到挡风玻璃,以避免玻璃破损。

(5)将装好雨刮器片的雨刮臂放回挡风玻璃上。

(6)收起防护布,关闭发动机舱盖,收起车轮挡块。

(7)清洁车辆、场地,整理工具。

任务工单

<table>
<tr><td>工作任务</td><td colspan="7">雨刮的维护与更换</td></tr>
<tr><td>姓名</td><td></td><td>学号</td><td></td><td>班级</td><td></td><td>日期</td><td></td></tr>
<tr><td colspan="8">车辆信息</td></tr>
<tr><td>车型</td><td colspan="2"></td><td>生产年份</td><td colspan="2"></td><td>制造厂</td><td></td></tr>
<tr><td>VIN码</td><td colspan="3"></td><td colspan="2">发动机型号</td><td colspan="2"></td></tr>
<tr><td colspan="8">清洗液液位是否正常:________________ 是否添加清洗液:________________
喷嘴是否堵塞:________________
雨刮器片是否磨损、老化和裂纹:________________</td></tr>
<tr><td colspan="8">情感面(作业安全、职业操守)</td></tr>
<tr><td colspan="4">操作点(共17分)</td><td colspan="2">学生评价总结</td><td colspan="2">教师评估</td></tr>
<tr><td colspan="4">1. 能进行工位“6S”操作(共6分)
□1.1 整理、整顿(2分)
□1.2 清理、清洁(2分)
□1.3 素养、安全(2分)
2. 能进行设备器材的安全检查(共1分)
□检查作业所需要的工具和设备是否完备(1分)
3. 能进行车辆安全防护操作(共3分)
□3.1 正确安装车辆翼子板布(1分)
□3.2 正确安装车内三件套(1分)
□3.3 正确安装车轮挡块(1分)
□4. 能穿戴好防护装备(共1分)
5. 能进行工量具清洁、校准、存放操作(共3分)
□5.1 使用前对工量具进行校准(1分)
□5.2 使用后对工量具进行清洁(1分)
□5.3 作业完成后对工量具进行复位(1分)</td><td colspan="2"></td><td colspan="2"></td></tr>
</table>

6. 能进行“三不落地”操作(共3分) □6.1 作业过程做到油液不落地(1分) □6.2 作业过程做到水液不落地(1分) □6.3 作业过程做到工具不落地(1分)		
技能面(应用技能、操作技能)		
操作点(24分)	学生评价总结	教师评估
1. 检查风窗玻璃洗涤装置情况(共12分) □1.1 检查清洗液液位,若缺少应添加(3分) □1.2 检查喷嘴堵塞情况,若堵塞应清除(3分) □1.3 检查喷水器的喷洒高度,需调整(3分) □1.4 检查喷水器喷洒位置,应在雨刮器片工作范围内(3分) 2. 检查雨刮器的情况(共12分) □2.1 检查雨刮器工作时应平顺、无卡滞现象(3分) □2.2 检查雨刮器在停止位置时的情况(3分) □2.3 检查雨刮器在间歇挡、低速挡和高速挡的工作情况(3分) □2.4 检查雨刮器片的刮水情况(3分)		
作业面(保养作业)		
操作点(共43分)	学生评价总结	教师评估
雨刮器的检查与维护(共43分) □1. 检查玻璃清洗液液位(5分) □2. 检查喷水器堵塞情况(5分) □3. 检查喷水器喷洒压力和喷洒位置(6分) □4. 检查雨刮器工作情况和磨损情况(16分) □5. 更换雨刮器片(11分)		
信息面(信息录入、检索、应用)		
操作点(共14分)	学生评价总结	教师评估
□1. 能正确使用维修手册查询资料(共3分) □2. 能正确使用用户手册查询资料(共3分) □3. 能在规定时间内查询所需资料(共3分) □4. 能正确记录所需信息(共5分)		
工具及设备使用能力		
操作点(共2分)	学生评价总结	教师评估
□能正确选用维修工具(共2分)		

任务7　轮胎的换位与动平衡

工作任务	轮胎的换位与动平衡	教学方法	任务驱动法
建议学时	6	教学地点	理实一体化实训室
教学目标	1.能够根据车型选择正确的换位方法。 2.能够按照正确的操作流程对轮胎进行换位。 3.能对轮胎进行检查。 4.能对轮胎进行动平衡检测。 5.能够主动获取信息，熟悉汽车使用情况，培养团队合作能力和服务意识。		
设备器材	别克威朗1辆，举升机，维修资料，动平衡仪，轮胎扳手，胎纹深度尺，气压表，空气压缩机，车辆防护装备，干净棉布，工作手册式教材，网络教学资源等。		
任务引入	小王驾驶爱车在道路上行驶时，感觉轮胎和平时不太一样，有点跑偏、抖动，于是去“4S”店检测。小王的爱车需要检测什么呢？ 		

知识储备

一、轮胎换位

之所以要进行轮胎换位，是因为车身的质量并非平均分摊在四个轮胎上，经常换位有助于保证轮胎的均匀磨损消耗，从而延长轮胎的使用寿命。

扫码看微课

轮胎换位与动平衡拓展知识

由于轮胎的安装位置不同，车辆前轮、后轮轮胎运转时的工作条件和所承受的负荷也各不相同。比如前轮主要用于操控方向，故须承受较多的横向摩擦力，而后轮一般所承受的摩擦力以纵向为主，并且当轮胎作为驱动轮时，磨损度也较被动轮大。

一般汽车发动机在前部，驾驶座也在前部，所以前轮所承受的载荷比后轮大，而车辆制动或起动时(前轮驱动型)，前轮先和地面发生摩擦,所以前轮比后轮磨损快。

因此,为避免轮胎长时间受单一方向的磨损(偏磨),应定期适时地交换轮胎位置,使轮胎磨损均衡,在轮胎的整个生命周期内提供更好的操作性能,进而延长轮胎的使用寿命。

轮胎换位方式:

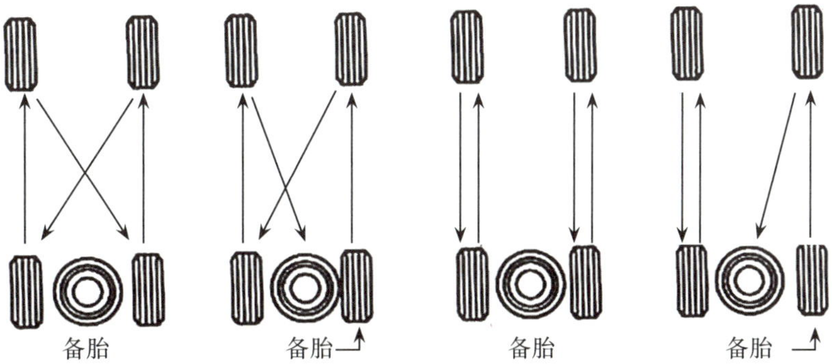

(a) (b) (c) (d)

二、知识巩固

1.汽车轮胎换位有(　　)换位方法。

A.交叉法、循环法　　B.循环法、前后法

C.循环法、斜交法　　D.前后法、斜交法

2.拆检轮胎,进行轮胎换位,是汽车(　　)的内容。

A.日常维护　　B.一级维护　　C.二级维护

3.进行轮胎换位是为了保持汽车各个轮胎磨损基本均匀,延长轮胎使用寿命。对吗?(　　)

4.避免爆胎的唯一方法是经常进行轮胎换位。对吗?(　　)

5.动平衡检测时无须检查轮胎气压。对吗?(　　)

6.车轮平衡有静平衡和动平衡之分。对吗?(　　)

任务实施

一、实施前的准备工作

1.常规准备工作:卫生清扫、场地安全确认、人数清点等。

2. 确认所需器材与工具:别克威朗1辆、举升机、轮胎扳手、扭力扳手、棘轮扳手、轮胎气门芯扳手、气动工具、轮胎气压表、备用轮胎、轮胎充气枪、胎纹深度尺、网络教学资源等。

3.操作者穿戴好防护装备。

4.进行车辆安全防护操作。

扫码看微课

轮胎换位

(动画仿真)

二、轮胎的换位与动平衡

扫码看微课

车轮的更换

微视频

扫码看微课

轮胎的检查

微视频

1.轮胎换位

(1)将汽车停放好,拉好手刹。

(2)拆下车轮中心盖。

(3)标记车轮相对于轮毂的位置。

(4)用扭力扳手配合合适的接杆及套筒对角交叉预松车轮螺栓。

(5)举升并妥善支撑车辆。

(6)逐个拆下车轮螺栓。

(7)将轮胎和车轮总成从车辆上拆下。

(8)清除车轮和轮毂安装面上的所有锈蚀或异物。

(9)清洁车轮双头螺栓和车轮螺母上的螺纹。

(10)检查车轮轴承摆动状况及转动状况:用手用力抓住轮胎,上下摇动。

(11)用胎纹深度尺检测胎纹深度;将肥皂水涂抹在气门嘴上检查轮胎气密性;用胎压表检测轮胎胎压。

检测胎纹深度

检测轮胎胎压

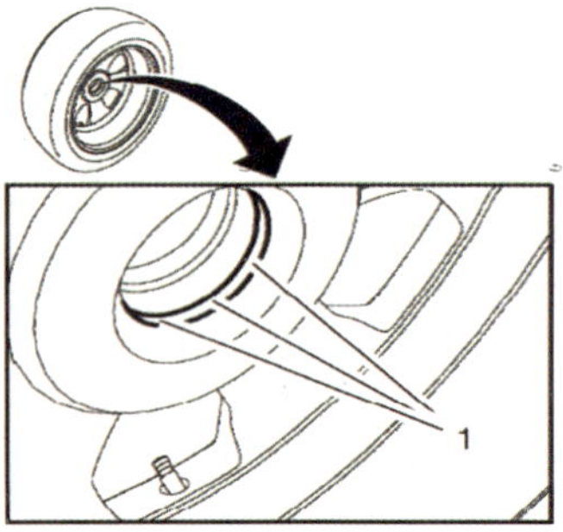

1—轮辋的内侧中间

(12)对轮胎进行交叉换位。

(13)通过使用中间孔或车轮双头螺栓将轮盘与前轮毂对准。为阻止中间座椅卡入车轮,安装之前用轴承油脂轻轻涂抹在轮辋的内侧中间座椅上。

(14)将车轮定位标记对准轮毂,对角交叉将车轮螺栓紧固至140 N·m。

(15)安装车轮中心盖。

(16)降下车辆。

(17)整理工具,清洁现场。

车轮螺栓安装顺序

2. 车轮动平衡

（1）在轴上没有车轮或任何适配器的状态下，转动平衡机，检查平衡机读数。

（2）举升车辆，标记车轮相对车轮双头螺栓的位置，并且在每个轮胎和车轮上标记具体车辆位置——左前、左后、右前和右后。

（3）逐个拆下轮胎和车轮总成，清除车轮内侧的污物或积垢，以及胎面上的石子，并将其安装在旋转式的车轮平衡机上。

（4）根据轮辋中心孔的大小选择锥体仔细地装上车轮，用大螺距螺母上紧。

扫码看微课

轮胎动平衡检测微视频

（5）打开车轮平衡机电源开关，检查指示与控制装置的面板是否指示正确。

（6）用卡尺测量轮辋宽度 B，查看轮辋直径 D，用平衡机上的标尺测量轮辋边缘至机箱距离 A，再用键入或选择器旋钮对准测量值的方法，将 A、D、B 值键入指示与控制装置中去。

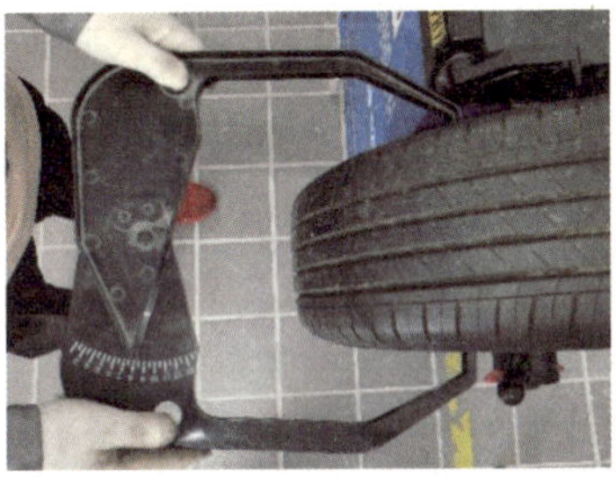

测量轮辋宽度 B

（7）按下起动键，车轮旋转，平衡测试开始，自动采集数据。

（8）车轮自动停转或听到“滴”声后按下停止键并操纵制动装置使车轮停转，从指示装置读取车轮内、外不平衡量和不平衡位置。

（9）用手慢慢转动车轮，当指示装置发出指示时停止转动。在轮辋的内侧或外侧的上部（时钟12点位置）加装指示装置显示的该侧平衡块质量。内、外侧分别进行，平衡块装卡要牢固。

轮辋直径 D

（10）安装平衡块后有可能产生新的不平衡，因此，须重新进行平衡实验，直到不平衡小于5 g，指示装置显“00”时才能满意。当不平衡量相差10 g左右时，如能沿轮辋边缘前后移动平衡块一定角度，将可获得满意的效果。

（11）测试结束，关闭电源开关。

（12）取下轮胎。

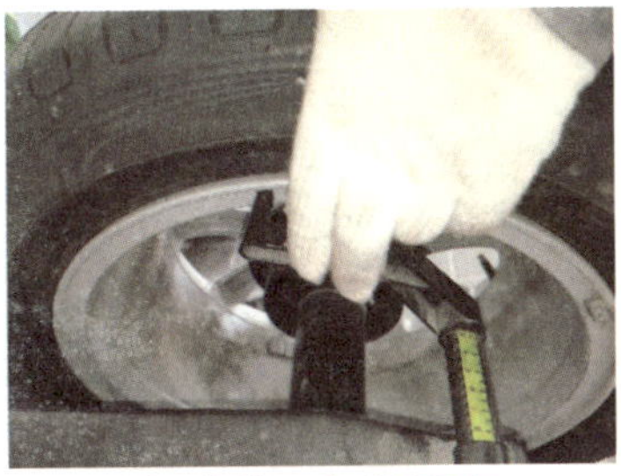

轮辋边缘至机箱距离 A

键入 A、D、B 值

加装平衡块

任务工单

<table>
<tr><td>工作任务</td><td colspan="7">轮胎的换位与动平衡</td></tr>
<tr><td>姓名</td><td></td><td>学号</td><td></td><td>班级</td><td></td><td>日期</td><td></td></tr>
<tr><td colspan="8">车辆信息</td></tr>
<tr><td>车型</td><td colspan="2"></td><td>生产年份</td><td colspan="2"></td><td>制造厂</td><td></td></tr>
<tr><td>VIN码</td><td colspan="3"></td><td>发动机型号</td><td colspan="3"></td></tr>
<tr><td colspan="8">轮胎花纹深度:______________
轮胎型号:______________
轮胎气压:______________
本次换位里程:______________　　下次换位里程:______________</td></tr>
<tr><td colspan="8">情感面(作业安全、职业操守)</td></tr>
<tr><td colspan="4">操作点(共18分)</td><td colspan="2">学生评价总结</td><td colspan="2">教师评估</td></tr>
<tr><td colspan="4">1. 能进行工位“7S”操作(共4分)
□1.1 整理、整顿(1分)
□1.2 清理、清洁(1分)
□1.3 素养、节约(1分)
□1.4 安全(1分)
2. 能进行设备器材的安全检查(共4分)
□2.1 检查作业所需要的工具和设备是否完备(2分)
□2.2 检查举升机的举升情况是否正常(2分)
3. 能进行车辆安全防护操作(共3分)
□3.1 正确安装车辆翼子板布(1分)
□3.2 正确安装车内三件套(1分)
□3.3 正确安装车轮挡块(1分)
□4. 能穿戴好防护装备(共1分)
5. 能进行工量具清洁、校准、存放操作(共3分)
□5.1 使用前对工量具进行校准(1分)
□5.2 使用后对工量具进行清洁(1分)
□5.3 作业完成后对工量具进行复位(1分)
6. 能进行“三不落地”操作(共3分)
□6.1 作业过程做到油液不落地(1分)
□6.2 作业过程做到零件不落地(1分)
□6.3 作业过程做到工具不落地(1分)</td><td colspan="2"></td><td colspan="2"></td></tr>
</table>

续表

技能面(应用技能、操作技能)		
操作点(10分)	学生评价总结	教师评估
1.按规定扭力紧固指定螺栓(总分4分) □1.1 紧固扭力符合规定扭力(2分) □1.2 紧固方向正确(2分) 2.车轮轮胎及减振器检查(总分6分) □2.1 能转动车轮检查轮毂轴承是否有异响(2分) □2.2 能在做动平衡之前去除旧的轮胎平衡块(2分) □2.3 能在做动平衡之前去除轮胎花纹上杂物(2分)		
作业面(保养作业)		
操作点(共50分)	学生评价总结	教师评估
1.能正确进行轮胎换位(总分16分) □1.1 检查四轮轮胎型号(2分) □1.2 检查四轮轮胎花纹(2分) □1.3 检查四轮轮毂轴承(2分) □1.4 按正确顺序对轮胎进行换位(3分) □1.5 拆装四个轮胎(5分) □1.6 按规定扭力紧固轮胎螺栓(2分) 2.能正确进行车轮动平衡(共34分) □2.1 检查平衡机是否平稳,附件是否齐全,显示面板是否正常(2分) □2.2 清除轮胎杂物检查胎压(2分) □2.3 拆除旧平衡块(5分) □2.4 开机(2分) □2.5 装上车轮,选择合适锥体(3分) □2.6 装上快速螺母并旋紧(2分) □2.7 从机体上拉出量尺,测量轮辋边缘至机箱的距离A,并输入控制面板(3分) □2.8 用卡尺卡住轮辋两侧并读取数值B,输入机器(3分) □2.9 在车轮参数中找出轮辋直径D,输入机器(3分) □2.10 打开动平衡机,开始做动平衡测试(7分) □2.11 记录测量数值(2分)		

续表

信息面（信息录入、检索、应用）		
操作点（共12分）	学生评价总结	教师评估
1.能正确使用维修手册查询资料（共6分） □1.1 查询车辆标准胎压（2分） □1.2 查询紧固车轮标准扭紧力矩（2分） □1.3 查询车辆驱动形式（2分） □2.能在规定时间内查询所需资料（共2分） □3.能正确记录所查询资料章节页码（共2分） □4.能正确记录所需维修信息（共2分）		
工具及设备使用能力		
操作点（共10分）	学生评价总结	教师评估
□1.能正确选用维修工具（共3分） □2.能正确使用动平衡机（共4分） □3.能正确使用举升机（共3分）		

任务8　四轮定位

工作任务	四轮定位	教学方法	任务驱动法
建议学时	4	教学地点	理实一体化实训室
教学目标	1.能够描述四轮定位的含义。 2.能够描述四轮定位的作用。 3.能够按照正确的操作流程对车轮进行定位。 4.培养学生操作仪器过程中的安全意识。		
设备器材	别克威朗1辆，举升机，维修资料，四轮定位仪，扳手，工作手册式教材，网络教学资源等。		
任务引入	小王对爱车已经进行了换位和动平衡，师傅了解到该车之前有跑偏、抖动的现象，建议小王做四轮定位。那什么是四轮定位，有什么作用呢？		

知识储备

一、四轮定位

为了保持汽车直线行驶的稳定性、转向轻便性，减小轮胎和机件的磨损，转向轮、转向节和前轴三者之间在安装上，具有一定的相对位置，这种具有一定相对位置的安装，称为转向轮定位。它包括主销后倾、主销内倾、前轮外倾和前轮前束四个内容。

主销后倾：主销安装在前轴上，其上端略向后倾斜。主销后倾的作用是保证汽车直线行驶的稳定性，并力图使转弯后的转向轮自动回正。主销后倾角越大，车速越高，转向轮的稳定效应越强，但转向越沉重，主销后倾角一般不超过3°。

主销内倾：主销安装在前轴上，其上端略向内倾斜。其作用是使转向轮自动回正，并使转向轻便。

前轮外倾：前轮安装在车桥上，其上端略向外倾斜。前轮外倾作用在于提高前轮工作的安全性、使转向轻便。由于前轮外倾使前轮所承受的重力集中到较大的内轴承上去，保护了较小的外轴承和转向节轴外端的锁紧螺母，有利于行驶安全。

前轮前束：前轮安装后，两前轮的旋转平面不平行，前端略向内束。前轮前束的作用是消除因前轮外倾使汽车行驶时向外张开的趋

扫码看微课
四轮定位
简介

扫码看微课
四轮定位
微视频

势，减小轮胎磨损和燃料消耗。前轮前束可通过改变横拉杆的长度来调整。

二、知识巩固(判断正误)

1. 车轮悬空做轮辋的偏摆补偿时，对于驱动轴车轮，左右两侧车轮的补偿需要两人配合完成。 (　　)

2. 在定位检测过程中应严格按照规范操作，防止误操作造成检测设备报警或工作中断。 (　　)

3. 在国产车轮轮辋的标注中如16×6JJ，16是代表轮辋的最大直径而不是名义直径。 (　　)

4. 橡胶弹簧主要作为辅助弹簧使用。 (　　)

5. 不同厂家和不同型号的车辆做车轮定位时，调整和检测的顺序有可能不同。 (　　)

6. 对于多轴载重卡车，定位调整基本不可能，所以就不用做车轮定位了，但是要及时更换轮胎。 (　　)

7. 双横臂式独立悬架的整体性能比单横臂独立悬架优越。 (　　)

8. 完成车轮定位后，即使所有车轮角度都调整到合格范围，还应通过路试来检验定位调整的实际效果。 (　　)

9. 定位检测时，车辆前轮应尽量停放在转角盘的中心，以保证20°转向检测时的测量精度，还能防止车轮意外卡住。 (　　)

10. 任何轮胎都没有速度限制。 (　　)

11. 后轮的轮轴偏移(又叫轴偏角)和车身推力线有关。 (　　)

12. 对于后轮定位角度不能调整的车辆，检测调整时不需拔下举升机后滑板的固定销。 (　　)

13. 所有的车辆都是先调整后轴车轮的角度，再调整前轴车轮的角度。 (　　)

14. 轮胎只要花纹深度足够就可以一直使用。 (　　)

15. 宽式轮辋可以有效延长轮胎的寿命，提高轮胎的负荷能力，改善汽车的通过性和行驶稳定性。 (　　)

16. 两侧车轮的主销后倾角差异过大，常会造成车辆行驶跑偏。 (　　)

17. 当车子的主销后倾角太大时打方向盘会变重。 (　　)

18. 对于大多数使用电子传感器的定位仪，其卡具可以任意安装在任意车轮上，都能够靠偏差补偿弥补轮胎平面的误差。 (　　)

19. 减振器套筒一定要穿在螺旋弹簧之中才能起到避振作用。 (　　)

20. 高度可调的空气悬架在定位调整之前一般要求按原厂规定先锁定悬架高度。 (　　)

21. 几何轴线又叫推力线，是后轴总前束的角平分线。 (　　)

22. 经常使用紧急制动也会加速轮胎的磨损。 (　　)

23. 单级主减速器从动锥齿轮轴承预紧度可用转动差速器总成的力矩来衡量。如所需力矩过大，说明预紧度过大，应减少垫片的厚度。 (　　)

24. 国产车轮轮辋的标注中如16×6JJ中出现代号“×”代表此轮辋为一件式轮辋。(　　)

25. 经常高速转弯不会加快轮胎外缘的磨损。 ( )

26. 轮胎气压是否合适对车轮的转向回正能力没有影响。 ( )

27. 由于前轴的单轮前束与后轴的单轮前束之间没有关系，所以调整时可按照任意顺序进行。 ( )

28. 4个车轮的轮胎可以根据喜好随意选择搭配。 ( )

任务实施

一、实施前的准备工作

1. 常规准备工作：卫生清扫、场地安全确认、人数清点等。

2. 确认所需器材与工具：别克威朗1辆、四轮定位仪、轮胎扳手、轮胎胎压表、网络教学资源等。

3. 操作者穿戴好防护装备。

4. 进行车辆安全防护操作。

二、四轮定位

扫码看微课

四轮定位操作流程微视频

1. 四轮定位要求

（1）四轮定位前，初步检查两前轮是否在转向盘中间位置，车身是否周正，否则将进行调整。

（2）在检测汽车四轮定位时，被检测车辆应满足如下要求：

①前后轮胎气压及胎面磨损基本一致；

②前后悬架系统的零部件完好、不松旷；

③转向系统调整适当、不松旷；

④前后减振器性能良好、不漏油；

⑤汽车前后高度与标准值的差不大于5 mm；

⑥制动系统正常。

将举升机置于最低锁止位置

2. 四轮定位操作

（1）将举升机置于最低锁止位置（第一次举升）。

（2）安装快速卡紧装置和传感器。

（3）调节传感器水平，使水平气泡置于中央处，并锁紧。

（4）接上传感器连接线，启动传感器。

（5）安装车轮挡块。

（6）将变速杆置于空挡，并释放驻车制动器。

（7）举升车辆至车轮离开转角盘10 cm左右（第二次举升），按设备要求进行四轮偏位补偿，并完成四个车轮偏位补偿值计算。

安装卡紧装置和传感器

(8)补偿结束后拔出转角盘和后滑板的固定销，下降举升机至最低锁止位置。

(9)移开车轮挡块，检查四个车轮位置是否正确，进行压力弹跳，安装刹车锁，使汽车处于制动状态。

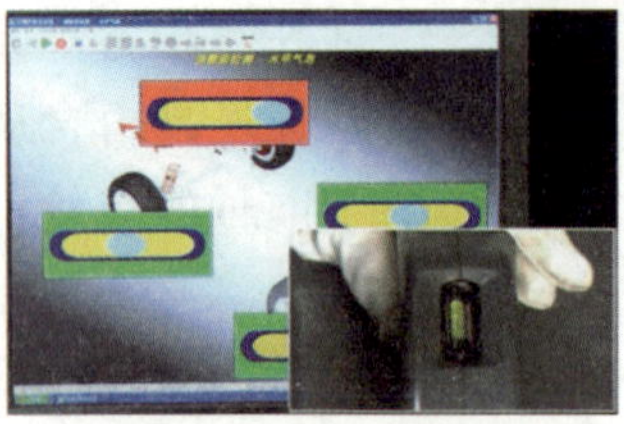

调整前检测水平气泡

(10)按照程序前进图标，进行定位调整准备。转动方向盘，使车轮对中后锁定方向盘，如有需要，应调整传感器水平。

(11)根据仪器显示的定位角数据偏差大小，确定是否能调节或更换零部件。

接上传感器连接线

注意：调节定位角必须由后轮至前轮进行调节，前轮的前束角是最后进行调节的，因为其他的定位角的调节能使止推角与车辆中心线重合，将影响到前轮的前束。

(12)进行第二次压力弹跳，将转向轮左右转动，把车身反复压下后，观察屏幕上的数值有无变化，若数值变化应再次调整。

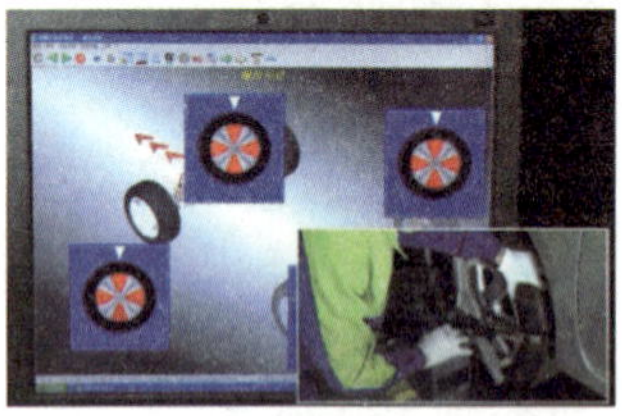

偏位补偿

(13)若第二次检查未发现问题，则应将调整时松开的部位紧固。

(14)拆下传感器和快速卡紧装置，进行路试，检查四轮定位检测调整效果。

3.定位角的调整

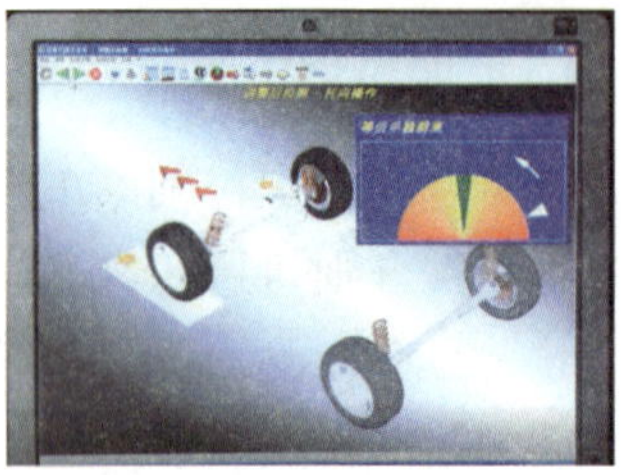

前轮前束

(1)前轮前束角和外倾角的调节

前轮后倾角和外倾角不可调整。如果前轮外倾角不在规定范围内，检查悬架支架是否错位或前悬架是否损坏。必要时，更换所有损坏的悬架部件。

(2)前轮前束的调整

①确保方向盘置于正前位置；

②松开转向横拉杆防松螺母1；

③通过转动外拉杆，将内横拉杆2调整至规定值；

④将横拉杆防松螺母1紧固至60 N·m；

⑤将方向盘转角传感器对中。

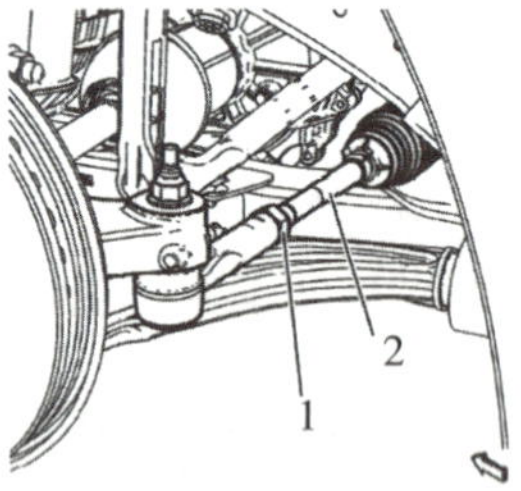

1—转向横拉杆防松螺母；
2—内横拉杆

前轮前束的调整1

(3)后轮后倾角和外倾角的调节

后轮后倾角和外倾角不可调整。如果后轮后倾角和外倾角不在规定范围内，检查悬架支架是否错位或后悬架是否损坏。必要时，更换所有损坏的悬架部件。

(4)后轮前束的调节

后轮前束不可调整。如果后轮前束角不在规定范围内，检查悬架支架是否错位或后悬架是否损坏。必要时，更换所有损坏的悬架部件。

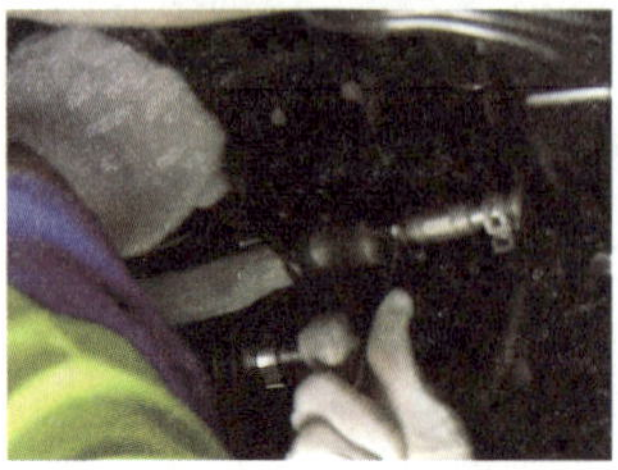

前轮前束的调整2

三、定位工单流程9、10作业记录(胎压)

单位:kPa

项目	调整前	调整后
左前胎压		
右前胎压		
左后胎压		
右后胎压		
轮胎型号与标准胎压		
轮胎型号是否与车辆铭牌要求一致:是(　　)否(　　)		

备注:胎压符合要求的车轮不用记录。

四、定位工单流程18作业记录(轮胎沟槽深度)

单位:mm

左前轮胎纹深度(里)	
左前轮胎纹深度(中)	
左前轮胎纹深度(外)	

五、定位工单流程38作业记录(车身高度)

单位:mm

左前P值	
右前P值	
左后R值	
右后R值	
车身调平高度最大差值	
车身调平高度最大差值是否合格:是(　　)否(　　)	

任务工单

<table>
<tr><td>工作任务</td><td colspan="7">四轮定位</td></tr>
<tr><td>姓名</td><td></td><td>学号</td><td></td><td>班级</td><td></td><td>日期</td><td></td></tr>
<tr><td colspan="8">车辆信息</td></tr>
<tr><td>车型</td><td colspan="2"></td><td>生产年份</td><td colspan="2"></td><td>制造厂</td><td></td></tr>
<tr><td>VIN 码</td><td colspan="3"></td><td>发动机型号</td><td colspan="3"></td></tr>
<tr><td colspan="8">四轮定位仪型号:________________</td></tr>
<tr><td colspan="8">情感面(作业安全、职业操守)</td></tr>
<tr><td colspan="4">操作点(共20分)</td><td colspan="2">学生评价总结</td><td colspan="2">教师评估</td></tr>
<tr><td colspan="4">1. 能进行工位“7S”操作(共4分)
□1.1 整理、整顿(1分)
□1.2 清理、清洁(1分)
□1.3 素养、节约(1分)
□1.4 安全(1分)
2. 能进行设备和工具安全检查 (共4分)
□2.1 检查作业所需要的工具和设备是否完备(1.5分)
□2.2 检查作业环境是否配备灭火器(1.5分)
□2.3 检查举升机的举升情况是否正常(1分)
3. 能进行车辆安全防护操作(共3分)
□3.1 正确安装车辆翼子板布(1分)
□3.2 正确安装车内四件套(1分)
□3.3 正确安装车轮挡块(1分))
4. 能进行工量具清洁、校准、存放操作(共3分)
□4.1 使用前对工量具进行校准(1分)
□4.2 使用后对工量具进行清洁(1分)
□4.3 作业完成后对工量具进行复位(1分)
5. 能进行“三不落地”操作(共6分)
□5.1 作业过程做到油液不落地(2分)
□5.2 作业过程做到水液不落地(2分)
□5.3 作业过程做到工具不落地(2分)</td><td colspan="2"></td><td colspan="2"></td></tr>
</table>

续表

技能面（应用技能、操作技能）		
操作点（共27分）	学生评价总结	教师评估
使用四轮定位仪输入VIN码，选择该车数据（共27分） □1.1 检查四轮胎胎压，若不正常，应需要补充（3分） □1.2 检查轮胎胎纹深度并记录（3分） □1.3 检查方向盘是否处于中间位置（3分） □1.4 降下主驾驶侧车窗（3分） □1.5 检查车辆载荷是否符合定位测量要求（4分） □1.6检查车辆底盘零件状况（4分） □1.7推动车辆完成车轮补偿（4分） □1.8按照屏幕提示完成调整（3分）		
作业面（保养、拆装、维修、诊断作业）		
操作点（共23分）	学生评价总结	教师评估
使用四轮定位仪读取该车数据，并调整前轮前束（共23分） □1.1 能连接四轮定位仪传感器支架（5分） □1.2 能输入被检车辆车型及生产年份（3分） □1.3 能进行轮毂变形补偿（5分） □1.4 能安装刹车锁和方向盘锁（4分） □1.5 能完成报告单保存并打印（2分） □1.6 能依据检测数据调整车轮前束（4分）		
信息面（信息录入、检索、应用）		
操作点（共20分）	学生评价总结	教师评估
□1.能正确填写四轮定位仪检测数据（共5分） □2.能完成报告单保存并打印（共10分） □3.填写表单时做到字迹清晰、语句通顺、无错别字、无涂改、无抄袭（共5分）		
工具及设备使用能力		
操作点（共10分）	学生评价总结	教师评估
□ 能正确使用四轮定位仪（10分）		

任务9 火花塞的更换与维护

工作任务	火花塞的更换与维护	教学方法	任务驱动法
建议学时	2	教学地点	理实一体化实训室
教学目标	1.知道火花塞的组成。 2.能够对火花塞进行检查。 3.能对火花塞进行更换。 4.能正确使用工具。 5.能够主动获取信息，熟悉汽车使用情况，培养团队合作能力和服务意识。		
设备器材	别克威朗1辆，维修资料，火花塞专用扳手，塞尺，车辆防护装备，干净棉布，工作手册式教材，网络教学资源等。		
任务引入	小王的爱车最近出现起动后自动熄火，熄火后不能起动，熄火前动力不足，提速无力等症状。经维修师傅检查，故障原因是没有及时对火花塞进行检查与更换。 我们应该如何更换火花塞呢？ 		

知识储备

一、火花塞

火花塞是汽油机点火系统的重要元件，它可将高压电引入燃烧室，并使其跳过电极间隙而产生火花，从而点燃气缸中的可燃混合气。火花塞主要由接线螺母、绝缘体、接线螺杆、中心电极、侧电极以及壳体等组成，侧电极焊接在外壳上。

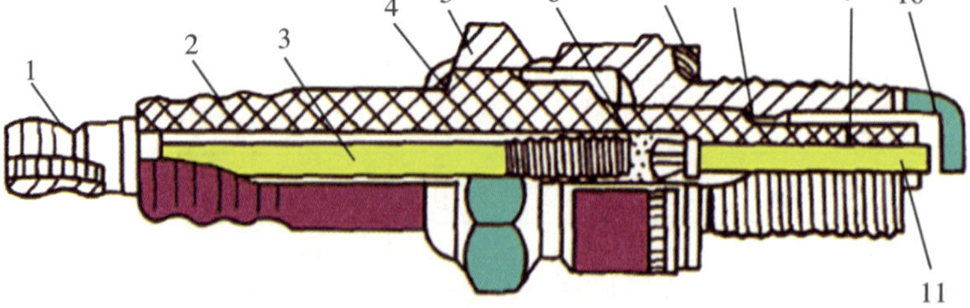

1—接线螺母；2—绝缘体；3—接线螺杆；4—内垫圈；5—壳体；6—导体玻璃；7—密封垫圈；8—内垫圈；9—绝缘体裙部；10—侧电极；11—中心电极

火花塞结构

火花塞的作用是把高压导线送来的脉冲高压电放电，击穿火花塞两电极间空气，产生电火花以引燃气缸内的混合气体。

主要类型有：准型火花塞、缘体突出型火花塞、电极型火花塞、座型火花塞、极型火花塞、面跳火型火花塞等。

按照热值高低来分，有冷型和热型。热值包括1～9九个数字；其中1～3为低热值，4～6为中热值，7～9为高热值。热值越高，散热越快，为冷型火花塞；热值越低，散热越慢，为热型火花塞。

扫码看微课

点火系统的基本知识

二、知识巩固

1.火花塞两电极间的放电电压一般为(　　)。

A.220 V　　B.380 V

C.1000~1200 V　　D.10000~15000 V

2.为保证火花塞易于跳火，应使点火瞬间火花塞的中心电极为(　　)。

A.正极　　B.负极

C.正、负不一　　D.正、负无所谓

3.影响汽油机点火高压的因素有(　　)。

A.火花塞的电极间隙　　B.进气量

C.喷油量　　D.混合气浓度

4.在讨论火花塞时，甲认为在火花塞上标的数字越大，火花塞越冷；乙说：在火花塞上标的拼音字母表示火花塞的结构特点、发火端特性等，若无字母表示普通火花塞。试问谁正确？(　　)

A.甲正确　　B.乙正确

C.两人都正确　　D.两人都不正确

5.点火过迟会导致发动机(　　)。

A.功率提高　　B.耗油率下降

C.温度过高　　D.曲轴反转

6.在拆卸火花塞时使用下列哪种工具？(　　)。

A.开口扳手　　B.火花塞套筒

C.梅花扳手　　D.轮胎扳手

7.当电容器击穿(短路)时，会导致火花塞(　　)。

A.没有火花　　B.火花变弱

C.火花变强　　D.火花不变

8.要使发动机正常工作，火花塞绝缘体裙部的温度(自净温度)应保持在(　　)。

A.80~90 °C　　B.70~80 °C

C.500~600 °C　　D.800~900 °C

9.压缩比低、转速低、输出功率小的发动机应选择(　　)。

A.冷型火花塞　　B.中型火花塞

C.热型火花塞　　D.以上三项均可

10. 国产火花塞中绝缘体裙部长度(　　)为冷型火花塞。

A. H=8 mm　　B. H=20 mm

C. H=14 mm　　D. H=16 mm

任务实施

一、实施前的准备工作

扫码看微课

火花塞的更换微视频

1. 常规准备工作:卫生清扫、场地安全确认、人数清点等。

2. 确认所需器材与工具:别克威朗1辆、火花塞专用套筒扳手、套筒扳手、厚薄规网络教学资源等。

3. 操作者穿戴好防护装备。

4. 进行车辆安全防护操作。

二、火花塞的更换与维护

1. 火花塞的拆卸

(1)将汽车停放好,拉好手刹。安装车轮挡块、座椅套、地板垫和方向盘套,做好汽车安全防护。

(2)打开发动机舱盖,移除发动机盖板。

(3)断开蓄电池负极电缆。

(4)断开点火线圈电气连接器。

(5)选择合适工具拆卸点火线圈紧固螺栓。

(6)用手取下点火线圈。

(7)组装火花塞套筒、加长杆、扭力扳手,用扭力扳手拧松后再用棘轮扳手取出火花塞。

点火线圈电气连接器

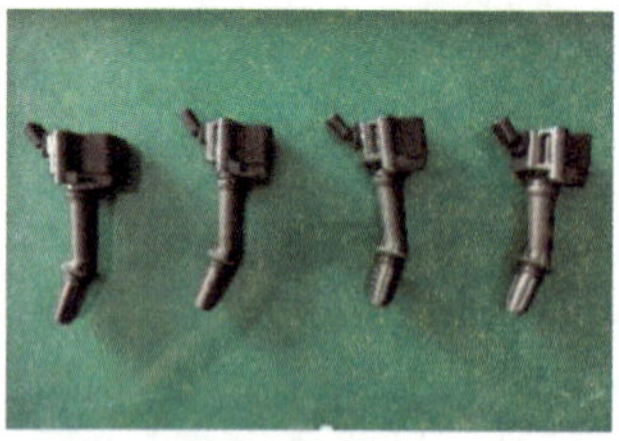

点火线圈

2. 火花塞的检查

(1)检查接线柱1是否松动、弯曲、断裂损坏。

(2)检查绝缘体2是否击穿;有无碳痕、碳黑;有无裂纹。

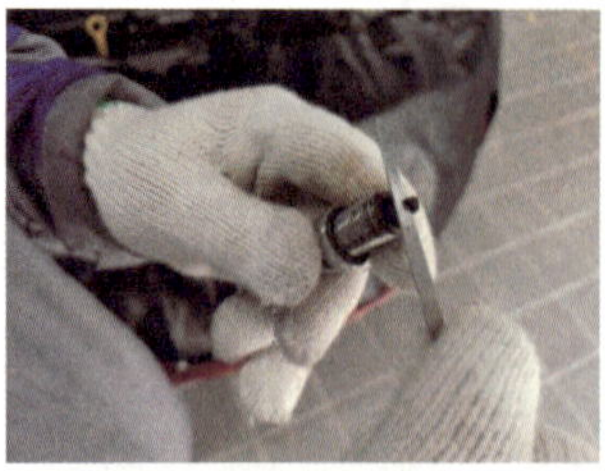

测量中心电极4和侧电极3端子之间的间隙

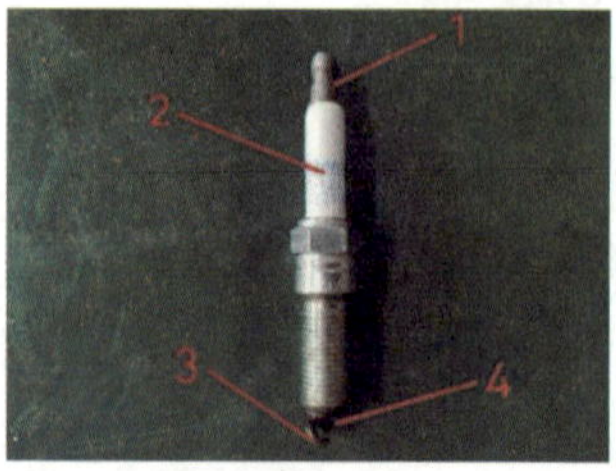

1—接线柱;2—绝缘体;3—侧电极;4—中心电极

火花塞

(3)用塞尺测量中心电极4和侧电极3端子之间的间隙。

(4)检查绝缘体2尖端附近是否有漏电迹象。

3.火花塞的安装

(1)将合格的火花塞放入缸盖,用扭力扳手将火花塞紧固至17 N·m。

(2)安装点火线圈。

(3)安装点火线圈紧固螺栓,并紧固至10 N·m。

(4)连接点火线圈电气连接器。

(5)连接蓄电池负极电缆。

(6)安装发动机盖板。

(7)起动发动机测试发动机怠速、加速、高速是否工作稳定平顺。

(8)关闭发动机,复位工具、量具。

安装点火线圈紧固螺栓

任务工单

<table>
<tr><td>工作任务</td><td colspan="7">火花塞的更换与维护</td></tr>
<tr><td>姓名</td><td></td><td>学号</td><td></td><td>班级</td><td></td><td>日期</td><td></td></tr>
<tr><td colspan="8">车辆信息</td></tr>
<tr><td>车型</td><td colspan="2"></td><td>生产年份</td><td></td><td>制造厂</td><td colspan="2"></td></tr>
<tr><td>VIN码</td><td colspan="3"></td><td>发动机型号</td><td colspan="3"></td></tr>
<tr><td colspan="8">火花塞拧紧力矩:________________
火花塞更换里程:________________
火花塞电极间隙标准值:________________
本次更换里程:________________</td></tr>
<tr><td colspan="8">情感面(作业安全、职业操守)</td></tr>
<tr><td colspan="4">操作点(共18分)</td><td colspan="2">学生评价总结</td><td colspan="2">教师评估</td></tr>
<tr><td colspan="4">1.能进行工位“7S”操作(共4分)
□1.1 整理、整顿(1分)
□1.2 清理、清洁(1分)
□1.3 素养、节约(1分)
□1.4 安全(1分)
2.能进行设备器材的安全检查(共4分)
□2.1 检查作业所需要的工具和设备是否完备(2分)
□2.2 检查举升机的举升情况是否正常(2分)</td><td colspan="2"></td><td colspan="2"></td></tr>
</table>

续表

3. 能进行车辆安全防护操作（共3分） □3.1 正确安装车辆翼子板布（1分） □3.2 正确安装车内三件套（1分） □3.3 正确安装车轮挡块（1分） □4. 能穿戴好防护装备（共1分） 5. 能进行工量具清洁、校准、存放操作（共3分） □5.1 使用前对工量具进行校准（1分） □5.2 使用后对工量具进行清洁（1分） □5.3 作业完成后对工量具进行复位（1分） 6. 能进行"三不落地"操作（共3分） □6.1 作业过程做到油液不落地（1分） □6.2 作业过程做到水液不落地（1分） □6.3 作业过程做到工具不落地（1分）		
技能面（应用技能、操作技能）		
操作点（共4分）	学生评价总结	教师评估
按规定扭力紧固火花塞（共4分） □1.1 紧固扭力符合规定扭力（2分） □1.2 紧固方向正确（2分）		
作业面（保养作业）		
操作点（共57分）	学生评价总结	教师评估
1. 能正确对火花塞进行拆卸（共15分） □1.1 拆卸气缸盖上的装饰罩（7分） □1.2 从火花塞上拆卸高压导线（4分） □1.3 拆卸火花塞（4分） 2. 能对火花塞进行检查（共21分） □2.1 检查绝缘体是否击穿或有碳痕（3分） □2.2 检查火花塞套管是否损坏（3分） □2.3 检查气缸盖的火花塞槽部位是否潮湿（3分） □2.4 检查绝缘体是否有裂纹（3分） □2.5 检查电极是否过于脏污（3分） □2.6 检查电极之间是否存在搭铁短接现象（3分） □2.7 测量火花塞的间隙并记录（3分） 3. 火花塞的安装与复检（共21分） □3.1 安装火花塞（4分） □3.2 安装高压导线（4分） □3.3 安装气缸盖上的装饰罩（7分） □3.4 关闭发动机舱盖（2分） □3.5 起动发动机（2分） □3.6 检查发动机的运转（2分）		

续表

信息面（信息录入、检索、应用）		
操作点（共14分）	学生评价总结	教师评估
1. 能正确使用维修手册查询资料（共6分） □1.1 查询紧固火花塞标准扭紧力矩（2分） □1.2 查询火花塞类型（2分） □1.3 查询火花塞生产厂家，选择与型号相匹配的厂家（2分） □2. 能在规定时间内查询所需资料（共2分） □3. 能正确记录所查询资料章节页码（共2分） □4. 能正确记录所需维修信息（共4分）		
工具及设备使用能力		
操作点（共7分）	学生评价总结	教师评估
□1. 能正确选用维修工具（共3分） □2. 能正确使用火花塞专用套筒（共4分）		

任务10　自动变速器油的更换

工作任务	自动变速器油的更换	教学方法	任务驱动法
建议学时	4	教学地点	理实一体化实训室
教学目标	1.熟知自动变速器油的作用和特性。 2.掌握自动变速器油的检查方法。 3.掌握自动变速器油的更换步骤与注意事项。		
设备器材	别克威朗1辆，套筒，棘轮扳手，扭力扳手，接杆，抹布，注油机，ATF油，接油盘，护垫，方向盘套，脚垫，变速器操纵杆套。		
任务引入	小王的爱车行驶里程已达60000公里，经检查，需要更换自动变速器油。那么应该如何更换和加注自动变速器油呢？		

知识储备

扫码看微课

自动变速器及自动变速器油相关知识

一、基础知识

自动变速器油简称ATF（Automatic Transmission Fluid），是专门用于自动变速器的油液。

自动变速器油一般正常行驶情况下每12万公里更换一次，恶劣行驶情况下每6万公里更换一次。尽量选用原厂的自动变速器油，不能错用或混用自动变速器油，自动变速器油若错用、混用，会造成打滑或零件早期磨损。

二、知识巩固

1.ATF的特性包括：________、________、________、________、________、________。

2.应用广泛的ATF有________、________、________；国产轿车使用的ATF主要是________________。

3.ATF的检查包括________和________。

4.ATF的更换周期以________________为准。

5.ATF更换的方法有________和________。

6.丰田原厂自动变速器油规格为________，容量为________升。

7.写出自动变速器油的作用：____。

8. 请根据你所检查的实际情况填写以下内容：
(1)自动变速器油的颜色：______________；
(2)自动变速器油的液位在______________范围；
(3)放油螺栓拧紧力矩是______________N·m。
9. 以丰田卡罗拉为例说明ATF的检查步骤：

10. 简述更换自动变速器油的操作步骤：

任务实施

一、实施前的准备工作

扫码看微课
ATF液位
检查与添加
(动画仿真)

1. 常规准备工作：卫生清扫、场地安全确认、人数清点等。

2. 套筒、棘轮扳手、扭力扳手、接杆、抹布、注油机、ATF油、接液盘、护垫、方向盘套、脚垫、变速器操纵杆套。

3. 操作者穿戴好防护装备(防护服、护目镜、防护手套)。

二、变速器油更换

1. 变速器油的排放

(1)做好更换变速器油准备，举升并顶起车辆。

(2)拆下前舱空气导流器。

(3)拆卸自动变速器放油螺栓。

(4)排出自动变速器油于接液盘中。

(5)在10分钟内将变速器油排放干净，检查收集的变速器油是否有变速器油燃烧产生物、金属碎屑和其他异物。如果发现以上情况，则查找相应原因。

(6)安装放油螺栓并紧固至12 N·m。

自动变速器放油螺栓

放出变速器油

2. 自动变速器油加注及油位检查

(1)降下车辆。

(2)拆下变速器通风软管2和变速器油加注口盖1。

变速器油加注口

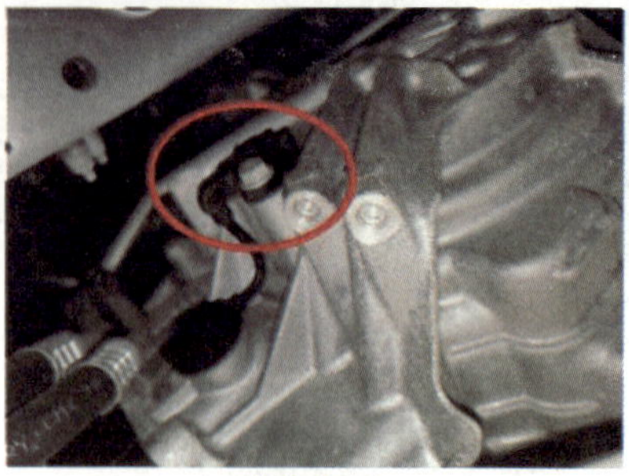

油位螺塞

(3)正确加入适量的变速器油。

(4)安装加注口盖1和变速器通风软管2。

(5)起动发动机,踩下制动踏板并将换挡杆挂到每个挡位,且在每个挡位停顿3秒钟。然后将换挡杆挂回驻车挡(P)。

(6)使发动机以500至800转/分的速度怠速运行至少3分钟,从而使油液泡沫消散、油位稳定。

(7)松开制动踏板,保持发动机运行,通过驾驶员信息中心或者故障诊断仪观察变速器油温度(TFT)。

注意:温度应在85~95 ℃,变速器油温度超过95 ℃时表示可能加注不足,低于85 ℃时表示可能加注过量。

扫码看微课

自动变速器油的更换微视频

(8)用举升机举升车辆,将接油盘移至油位螺塞3下方,车辆怠速运行时,拆下油位螺塞3。

①如果油液稳定地流出,则等待直到油液每秒滴出一次。继续进行步骤(14)。

②如果没有油液流出,则加注油液直至从油位孔塞中每秒滴出一次。继续进行步骤(9)。

(9)降下车辆。

(10)拆下变速器通风软管2和变速器油加注口盖1。

(11)车辆怠速运行时,通过加注口加注油液,直至油从油位螺塞中流出。等待直至油液仅从油位螺塞中每秒滴出一次。

(12)安装变速器油加注口盖1和变速器通风软管2。

(13)举升车辆。

(14)安装油位螺塞3并紧固至12 N·m。

(15)降下车辆,停止发动机。

(16)举升车辆,安装空气导流器。

(17)降下车辆。

(18)整理工位,完成作业。

任务工单

<table>
<tr><td>工作任务</td><td colspan="7">自动变速器油的更换</td></tr>
<tr><td>姓名</td><td></td><td>学号</td><td></td><td>班级</td><td></td><td>日期</td><td></td></tr>
<tr><td colspan="8">车辆信息</td></tr>
<tr><td>车型</td><td colspan="2"></td><td>生产年份</td><td colspan="2"></td><td>制造厂</td><td></td></tr>
<tr><td>VIN码</td><td colspan="3"></td><td>发动机型号</td><td colspan="3"></td></tr>
<tr><td colspan="8">变速器油型号：________________
变速器油更换周期：________________
放油螺栓扭矩：________________
检查变速器是否渗漏：________________</td></tr>
<tr><td colspan="8">情感面（作业安全、职业操守）</td></tr>
<tr><td colspan="5">操作点（共16分）</td><td colspan="2">学生评价总结</td><td>教师评估</td></tr>
<tr><td colspan="5">1. 能进行工位“6S”操作（共3分）
□1.1 整理、整顿（1分）
□1.2 清理、清洁（1分）
□1.3 素养、安全（1分）
2. 能进行设备器材的安全检查（共2分）
□2.1 检查作业所需要的工具和设备是否完备（1分）
□2.2 检查举升机的举升情况是否正常（1分）
3. 能进行车辆安全防护操作（共3分）
□3.1 正确安装车辆翼子板布（1分）
□3.2 正确安装车内三件套（1分）
□3.3 正确安装车轮挡块（1分）
4. 能穿戴好防护装备（共3分）
□4.1 防护服（1分）
□4.2 护目镜（1分）
□4.3 防护手套（1分）
5. 能进行工量具清洁、校准、存放操作（共2分）
□5.1 使用后对工量具进行清洁（1分）
□5.2 作业完成后对工量具进行复位（1分）
6. 能进行“三不落地”操作（共3分）
□6.1 作业过程做到油液不落地（1分）
□6.2 作业过程做到零件不落地（1分）
□6.3 作业过程做到工具不落地（1分）</td><td colspan="2"></td><td></td></tr>
</table>

续表

技能面(应用技能、操作技能)		
操作点(共20分)	学生评价总结	教师评估
1. 检查变速器油位情况(共10分) □1.1 检查液位时,确保变速器油液温度在安全温度之内(5分) □1.2 正确读出变速器油液位,辨别变速器油的油液质量(5分) 2. 检查油液泄漏情况(共10分) □2.1 检查放油螺栓处是否泄漏(5分) □2.2 检查各螺栓连接处是否泄漏(5分)		
作业面(保养作业)		
操作点(共50分)	学生评价总结	教师评估
更换变速器油(共50分) □1. 确认变速器液与车辆匹配(6分) □2. 确认车辆安全稳定地支撑在举升机上(5分) □3. 放置变速器油液收集器(4分) □4. 排放变速器油液(10分) □5. 清洁放油口(5分) □6. 拧紧放油螺栓,加注冷却液(10分) □7. 起动车辆检查变速器液位是否正常(5分) □8. 检查变速器油液是否泄漏(5分)		
信息面(信息录入、检索、应用)		
操作点(共6分)	学生评价总结	教师评估
1. 能正确使用维修手册查询资料(共2分) □1.1 查询变速器油液型号(1分) □1.2 查询放油螺栓扭矩规格(1分) □2. 能正确查询变速器油液更换周期(共2分) □3. 能在规定时间内查询所需资料(1分) □4. 能正确记录所需信息(1分)		
工具及设备使用能力		
操作点(共8分)	学生评价总结	教师评估
□1. 能正确选用维修工具(2分) □2. 能正确使用螺栓拆除工具(2分) □3. 能正确使用废液收集器(2分) □4. 能正确使用举升机(2分)		

项目二 汽车修理

任务1 气缸盖的拆装与检测

工作任务	气缸盖的拆装与检测	教学方法	任务驱动法
建议学时	4	教学地点	理实一体化实训室
教学目标	1.能够正确拆装和检测气缸盖。 2.能选择合适的维修和测量工具。 3.能够主动获取信息，培养与他人有效沟通的能力和服务意识。 4.培养绿色、开放的发展观念。		
设备器材	实训发动机台架1台，维修资料，扭力扳手及组套工具，钢直尺，塞尺，刀口尺，毛刷，少量汽油，干净棉布，手套，工作手册式教材，网络教学资源等。		
任务引入	右图为维修技师拆下的气缸盖，如何判断它的好坏呢？ 		

知识储备

一、气缸盖

机体组由气缸体与气缸套、气缸盖、气缸垫、油底壳等部件组成。

气缸盖是气门组件的安装基体，也是气缸的密封盖，其作用是密封气缸的上部，与活塞、气缸等共同构成燃烧室。常见的缸盖材料有铸铁、铝合金等。

安装缸盖时，紧固气缸盖螺栓按由中间向四周的顺序，分几次逐步拧到规定扭矩。拆卸与安装顺序相反，也是分几次逐步拆卸。

气缸盖的主要耗损形式是裂纹和变形。

气缸盖的翘曲变形，指的是气缸盖下表面的平面度误差逾限，因此，气缸盖须进行平面度检测。

扫码看微课

气缸盖的结构微视频

二、知识巩固

1.认识下列机体组中序号对应的部件，并在实训室台架中找出来。

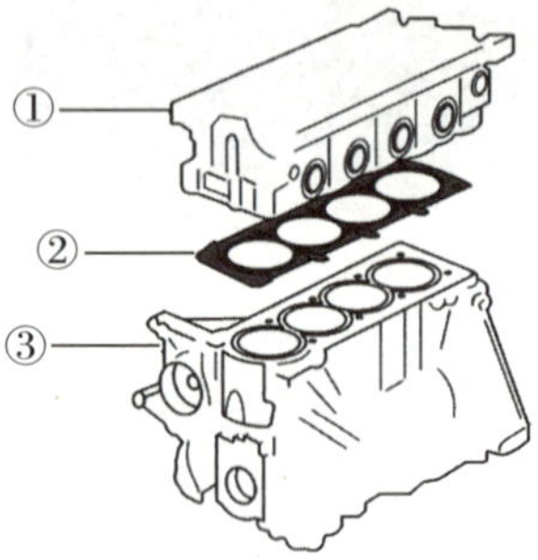

①______________________________。

②______________________________。

③______________________________。

2.图中哪些序号对应的零部件装配时必须检测平面度？______________________。

3.机体组的作用是______________________________。

4.燃烧室由活塞顶部、气缸壁和____________组成。

A.气缸体　　　　　　B.气缸垫　　　　　　C.气缸盖

5.气缸盖的作用是______________________________。

6.气缸盖分为分开式和________________。

任务实施

扫码看微课

气缸盖的拆装
操作微视频

一、实施前的准备工作

1.常规准备工作：卫生清扫、场地安全确认、人数清点等。

2.实训发动机台架1台、维修资料、扭力扳手及组套工具、钢直尺、塞尺、刀口尺、毛刷、少量汽油、工作手册式教材、网络教学资源等。

3.操作者穿戴好防护装备。

二、气缸盖的拆装与检测

1.气缸盖的拆卸

(1)检查、清点工量具。

(2)用扭力扳手和专用套筒，按右图顺序拧松10个气缸盖螺栓。

(3)拆下并报废10个气缸盖螺栓。

(4)拆下气缸盖并放在工作平台上。

(5)拆下并报废气缸盖衬垫。

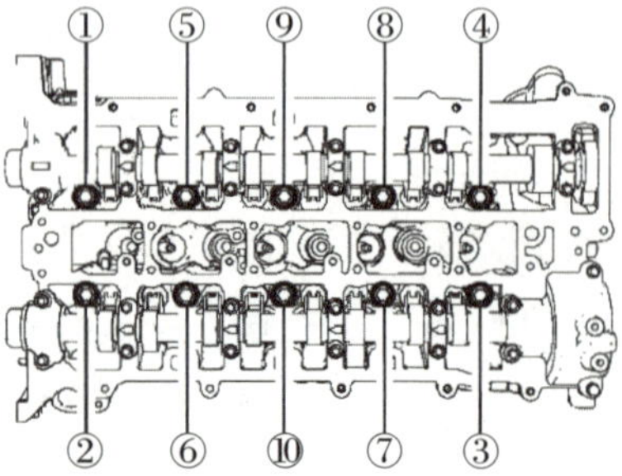

气缸盖螺栓的拆卸顺序

2. 气缸盖的清洗

(1)用铲刀清除气缸盖与气缸体工作面及燃烧室的积炭。

(2)用汽油与毛刷清洗缸盖内外部,使其显出金属本色。

注:确保气缸盖顶面干净且无衬垫材料。

3. 气缸盖的外观检查

(1)检查气缸盖表面,不得有划痕。

(2)检查气缸盖下平面上不得有任何压痕、撬痕。

(3)检查螺栓孔不得有明显的磨损痕迹。

(4)检查水套孔不得有明显的腐蚀现象,否则应予以更换。

注:采用水压试验法或染色渗透法检查气缸盖上是否有裂纹。

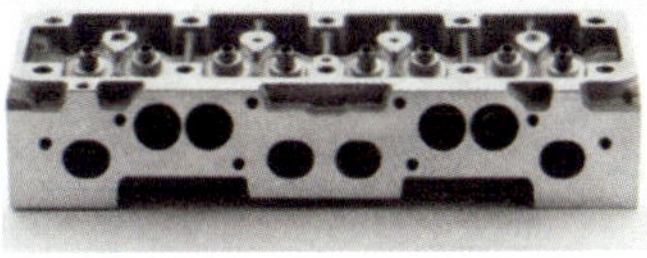

气缸盖

4. 气缸盖下平面平面度的检查

(1)将气缸盖下平面朝上放置于工作平台上。

(2)将直尺或刀口尺放在气缸盖下平面的两端横向、两边纵向以及对角线等六个位置上,分别用塞尺测量钢直尺与下平面间的间隙,如右图所示,塞入塞尺的最大厚度值就是气缸盖变形量,即为平面度误差。

(3)如果翘曲小于0.05毫米(0.002英寸),则气缸盖顶面不需要表面修整。

(4)如果翘曲在0.05~0.20毫米(0.002~0.008英寸)之间,或出现可能妨碍气缸盖衬垫正常密封的缺陷或擦伤,气缸盖顶面需要表面修整。最大磨削量为0.25毫米(0.010英寸)。

(5)如果气缸盖顶面需要的磨削量超过0.25毫米(0.010英寸),则必须更换气缸盖。

注:气缸盖与进、排气歧管结合平面(侧平面)的检验与此平面度的检查方法相同。

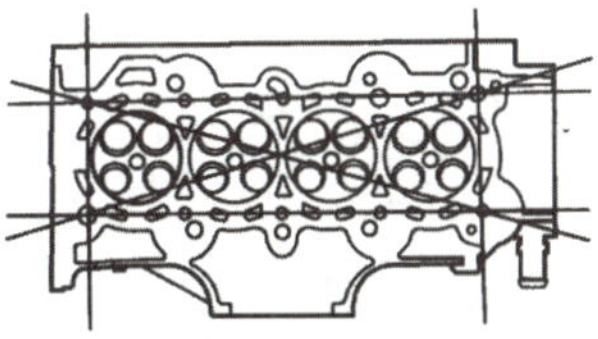

气缸盖下平面平面度的检查

气缸盖平面度的检查

5.气缸盖的安装

(1)清洁密封面。

(2)安装新的气缸盖衬垫。

(3)安装气缸盖。

(4)安装新的气缸盖螺栓,分两遍拧紧。

第一遍紧固至30 N·m;最后一遍用专用工具再紧固240°。

(5)清洁、整理工量具。

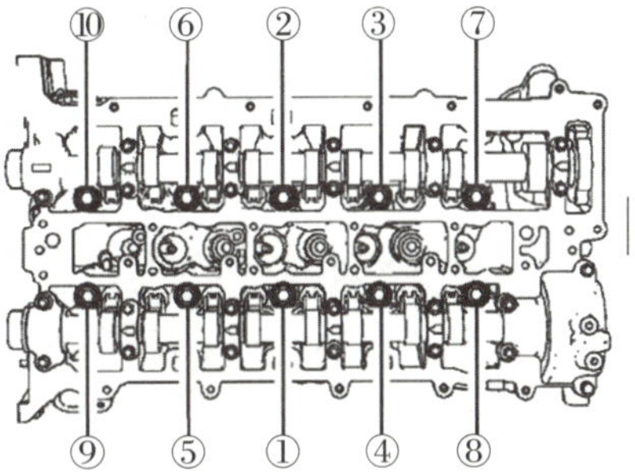

气缸盖螺栓的安装顺序

任务工单

工作任务	气缸盖的拆装与检测						
姓名		学号		班级		日期	
车辆信息							
发动机型号							

气缸盖平面度的检验(下平面)

气缸盖	位置1	位置2	位置3	位置4	位置5	位置6
平面度值(mm)						
结果分析						

情感面(作业安全、职业操守)

操作点(共12分)	学生评价总结	教师评估
1. 能进行工位“6S”操作(共3分) □1.1 整理、整顿(1分) □1.2 清理、清洁(1分) □1.3 素养、安全(1分) 2. 能进行设备器材的安全检查(共2分) □2.1 检查作业所需要的工具和设备是否完备(1分) □2.2 检查翻转架的情况是否正常(1分) □3. 能穿戴好防护装备(共1分) 4. 能进行工量具清洁、校准、存放操作(共3分) □4.1 使用前对工量具进行校准(1分) □4.2 使用后对工量具进行清洁(1分) □4.3 作业完成后对工量具进行复位(1分) 5. 能进行“三不落地”操作(共3分) □5.1 作业过程做到油液不落地(1分) □5.2 作业过程做到零件不落地(1分) □5.3 作业过程做到工具不落地(1分)		

技能面(应用技能、操作技能)

操作点(共14分)	学生评价总结	教师评估
1. 能正确按标准流程拆装和检查气缸盖(共8分) □1.1 能正确按技术手册标准要求顺序拆装气缸盖螺栓(2分) □1.2 能正确清洁和检查气缸盖(2分) □1.3 能正确清洁和检查衬垫表面(2分) □1.4 能正确按技术手册标准要求顺序拧紧气缸盖螺栓(2分) 2. 能正确对气缸盖下平面的平面度进行检查(共6分)		

续表

作业面(保养作业)		
操作点(共52分)	学生评价总结	教师评估
气缸盖的拆装与检测(共52分) □1.按正确顺序拆卸气缸盖螺栓(共6分) □2.拆下气缸盖衬垫(共2分) □3.清除气缸盖和气缸体工作面及燃烧室的积炭(共5分) □4.用汽油与毛刷清洗缸盖内外部(共3分) 5.气缸盖的外观检查(共12分) □5.1检查气缸盖表面,不得有划痕(3分) □5.2检查气缸盖下平面上不得有任何压痕、撬痕(3分) □5.3检查螺栓孔不得有明显的磨损痕迹(3分) □5.4检查水套孔不得有明显的腐蚀现象,否则应予以更换(3分) □6.检查气缸盖下平面平面度(共12分) □7.再次清洁(共3分) □8.安装气缸盖衬垫(共3分) □9.安装气缸盖,并能按正确顺序进行气缸盖螺栓的紧固(共6分)		
信息面(信息录入、检索、应用)		
操作点(共16分)	学生评价总结	教师评估
1.能正确使用维修手册查询资料(共8分) □1.1 查询发动机型号(2分) □1.2 查询气缸盖拆装步骤(2分) □1.3 查询气缸盖螺栓拧紧力规格(2分) □1.4 查询气缸盖螺下平面的平面度(2分) □2.能在规定时间内查询所需资料(共3分) □3.能正确记录所查询资料章节页码(共2分) □4.能正确记录所需信息(共3分)		
工具及设备使用能力		
操作点(共6分)	学生评价总结	教师评估
□1.能正确选用维修工具(共2分) □2.能正确使用扭力扳手工具(共2分) □3.能正确使用各种量具(共2分)		

任务2　配气机构的拆装和检查

工作任务	配气机构的拆装和检查	教学方法	任务驱动法
建议学时	4	教学地点	理实一体化实训室
教学目标	1.能够按照正确流程拆装配气机构。 2.能选择合适工具拆装气门组件。 3.能够主动获取信息,培养与他人有效沟通的能力和服务意识。 4.培养绿色、开放的发展观念。		
设备器材	实训配气机构1台,维修资料,扭力扳手及组套工具,气门弹簧压缩工具套件,通用型气门杆密封件拆卸工具,高度尺,外径千分尺,游标卡尺,红印油,橡胶锤,吸棒,干净棉布,手套,护目镜,工作手册式教材,网络教学资源等。		
任务引入	小王的爱车最近出现动力下降、加速滞后和怠速抖动等情况。经“4S”店维修师傅检测,发现气门处严重积炭,需要拆解气门组进行清洗。 如何对气门组进行拆装和检查呢? 		

知识储备

一、基础知识

扫码看微课

配气机构
微视频

配气机构的组成:配气机构由气门组和气门传动组组成。

气门组主要由气门、气门座、气门导管、气门锁片、气门油封、气门弹簧和气门弹簧座等组成。其功用主要是维持气门的关闭。

气门传动组主要包括正时齿轮、凸轮轴、挺柱、推杆、摇臂、摇臂轴和气门间隙调整螺钉等。其功用是定时驱动气门使其开闭。

配气机构的作用:按照发动机各缸的做功次序和每一气缸工作循环的要求,定时开启和关闭各气缸的进、排气门。

配气机构的工作过程:四冲程发动机每完成一个工作循环,各缸的进、排气门开闭一次,即凸轮轴(凸轮)转一圈,而曲轴转两圈。

曲轴转速与凸轮轴转速之比(传动比)为2∶1,因此,凸轮轴正时齿轮的齿数是曲轴正时齿轮齿数的两倍。

气门传动组使气门开启,气门弹簧使气门关闭。

气门的开闭时刻与升程(开度)取决于凸轮形状。

二、知识巩固

1. 认识气门组件，并写出相应名称。

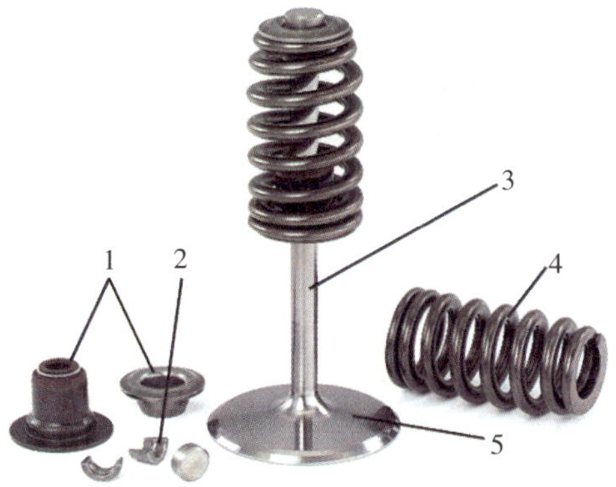

(1)________________；　　(2)________________；

(3)________________；　　(4)________________；

(5)________________。

2. 配气机构由气门组与______________两部分组成。

3. 气门由______________和______________两部分组成。

4. 排气门的锥角一般为(　　)。

A. 30°　　B. 45°　　C. 60°　　D. 120°

5. 曲轴与凸轮轴之间的传动比为(　　)。

A. 2∶1　　B. 1∶2　　C. 1∶1　　D. 4∶1

6. 凸轮轴上凸轮的轮廓的形状决定于(　　)。

A. 气门的升程　　B. 气门的运动规律

C. 气门的密封状况　　D. 气门的磨损规律

7. 气门间隙过小，发动机在热态下可能发生漏气，导致发动机功率下降。(　　)

8. 对于多缸发动机来说，各缸同名气门的结构和尺寸是完全相同的，所以可以互换使用。(　　)

9. 为了安装方便，凸轮轴各主轴径的直径都做成一致的。(　　)

10. 简述配气机构的组成和作用。

任务实施

一、实施前的准备工作

1. 常规准备工作：卫生清扫、场地安全确认、人数清点等。

2. 检查工量具：实训配气机构1台、维修资料、扭力扳手及组套工具、通用型气门弹簧压缩工具套件、气门杆密封件拆卸工具、高度尺、外径千分尺、游标卡尺、红印油、橡胶锤、吸棒、干净棉布、手套、护目镜、工作手册式教材、网络教学资源等。

3. 操作者穿戴好防护装备。

二、配气机构的拆装和检查

扫码看微课

气门组的拆装操作微视频

1. 配气机构的拆解

（1）移除凸轮轴位置执行器。

（2）检查确认进、排气凸轮轴轴承盖标记。

（3）从外向内以螺旋方式，每次1/2圈，松开12个排气凸轮轴轴承盖螺栓，拆下12个排气凸轮轴轴承盖螺栓、凸轮轴轴承盖，取出排气凸轮轴，放置在工作台架上。

（4）以同样方式取出进气凸轮轴，并放置在工作台架上。

（5）取出液压气门间隙调节器臂，并在零部件板上按照规定位置摆放。

（6）用通用型气门弹簧压缩工具套件压缩气门弹簧，直至气门锁片不受张力影响，用磁铁棒小心拆下气门锁片、气门弹簧座、气门弹簧，并按照规定位置在零部件板上摆放。

（7）使用气门杆密封件拆卸工具取下并报废所有气门油封。

注：先拆卸排气凸轮轴，再拆卸进气凸轮轴。

凸轮轴的拆卸

安装气门弹簧压缩钳

用吸棒吸出气门锁片

测量气门长度

2. 配气机构的检查

（1）进、排气门外观的检查：气门座锥面点蚀、气门余量厚度检查、气门杆弯曲、气门杆点蚀或严重磨损、气门锁片槽磨损、气门杆顶端磨损等。

（2）使用高度尺测量进、排气门长度。

（3）使用外径千分尺测量气门头部直径。

（4）进、排气门座接触面宽度测量：红印油均匀涂抹气门锥面上，用足够的压力抵着气门座转动气门。使用游标卡尺对气门座圈上红印油接触印迹宽度。

（5）进、排气门锥面接触面宽度测量：使用游标卡尺测量气门锥面上的红印油接触印迹宽度。

（6）进、排气门对气门座同心度检查：检查气门锥面上红印油印迹（围绕整个锥面的红印油痕会是连续的）。

（7）气门锥面上气门与气门座接触面的位置检查：检查气门锥上红印油印迹。

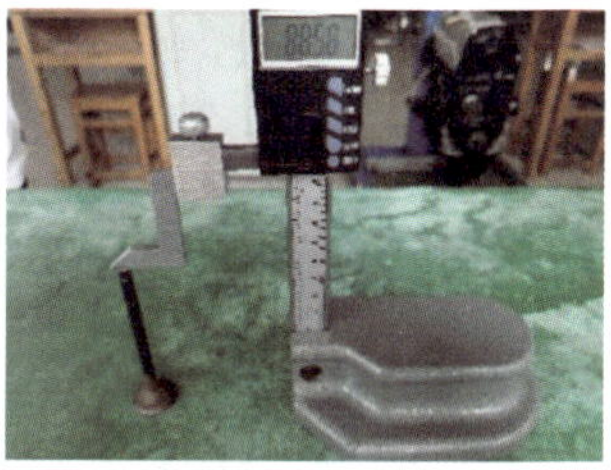
取出气门油封

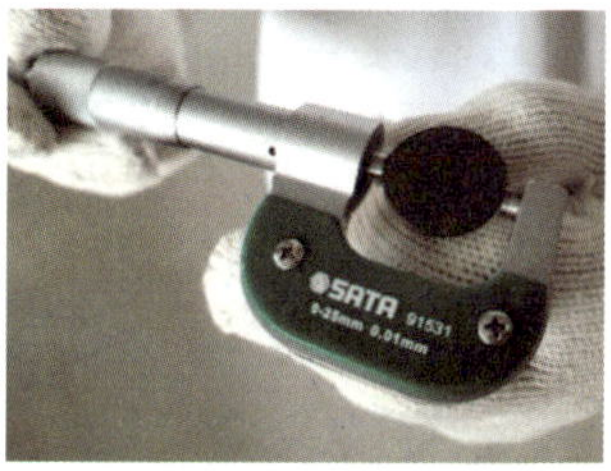

测量气门头部直径

3. 配气机构的装配

（1）用气枪或吸油纸清洁进、排气凸轮轴，凸轮轴承盖，螺栓以及气门组所有零件。

（2）润滑油封，用气门杆密封件安装工具将新的气门油封装入气门导管头部。

（3）安装气门、气门弹簧和气门弹簧座。

（4）用通用型气门弹簧压缩工具套件压缩气门弹簧，直至气门锁片被正确安装至气门杆槽中，消除通用型气门弹簧压缩工具套件张力。

（5）检查气门锁片和气门弹簧是否正确就位。

（6）将气门杆顶端涂上润滑剂，将16个液压间隙调节器臂置于气门杆端和间隙调节器上，将16个液压间隙调节器臂涂上润滑剂。

（7）润滑凸轮轴，依次安装进气凸轮轴和排气凸轮轴，按照装配循序紧固进气凸轮轴轴承盖螺栓和排气凸轮轴轴承盖螺栓，并紧固至12 N·m。

安装气门油封

安装气门

安装气门弹簧和气门弹簧座

安装气门锁片

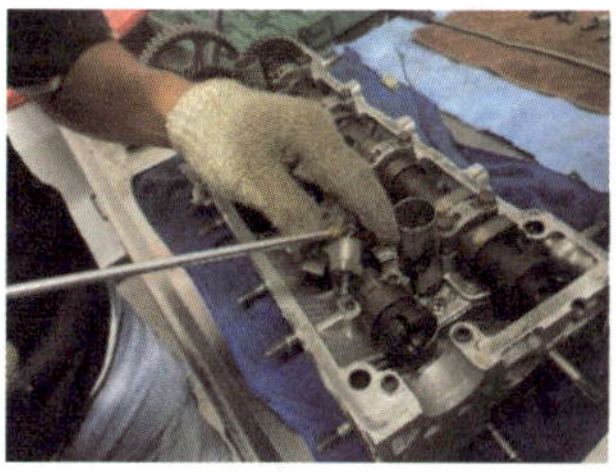
润滑凸轮轴

(8)安装凸轮轴位置执行器。

(9)整理、清洁工具和场地。

注意:先安装进气凸轮轴,再安装排气凸轮轴。

任务工单

工作任务	配气机构的拆装与检查						
姓名		学号		班级		日期	
车辆信息							
发动机型号							

1. 气门外观目视检查

气门检查部位	座部点蚀	头部余量厚度	杆部弯曲	杆部点蚀磨损	锁片槽磨损	杆顶端磨损	处理意见

注:根据检查结果填写:合格打“√”,不合格打“×”;处理意见:正常打“√”,若不正常请标注出维修方案。

2. 气门长度检测(高度尺误差值:　　)

项目 / 测量及结果	进气门	排气门
测量值(mm)		
结果判断及处理		

注:测量值保留小数点后2位;结果判断及处理栏内仅需根据检查结果填写:正常打“√”,若不正常给出维修方案(维修、更换、调整)。

3. 气门头部直径检测(千分尺误差值:　　)

项目 / 测量及结果	进气门	排气门
测量值(mm)		
结果判断及处理		

注:测量值保留小数点后3位;结果判断及处理栏内仅需根据检查结果填写:正常打“√”,若不正常给出维修方案(维修、更换、调整)。

4. 气门锥面上的接触面宽度

项目 / 测量及结果	进气门	排气门
测量值(mm)		
结果判断及处理		

注:测量值保留小数点后1位;结果判断及处理栏内仅需根据检查结果填写:正常打“√”,若不正常给出维修方案(维修、更换、调整)。

5.气门座的接触面宽度测量

项目 测量及结果	进气门	排气门
测量值(mm)		
结果判断及处理		

注:测量值保留小数点后1位;结果判断及处理栏内仅需根据检查结果填写:正常打"√",若不正常给出维修方案(维修、更换、调整)。

6.进、排气门对气门座的同心度检查

项目 测量及结果	进气门	排气门
测量值(mm)		
结果判断及处理		

注:结果及处理:正常打"√",若不正常给出维修方案(维修、更换、调整)。

7.气门锥面位置检查

项目 测量及结果	进气门	排气门
测量值(mm)		
结果判断及处理		

注:结果及处理:正常打"√",若不正常给出维修方案(维修、更换、调整)。

情感面(作业安全、职业操守)

操作点(共12分)	学生评价总结	教师评估
1.能进行工位"6S"操作(共3分) □1.1 整理、整顿(1分) □1.2 清理、清洁(1分) □1.3 素养、安全(1分) 2.能进行设备器材的安全检查(共2分) □2.1 检查作业所需要的工具和设备是否完备(1分) □2.2 检查翻转架的情况是否正常(1分) □3. 能穿戴好防护装备(共1分) 4. 能进行工量具清洁、校准、存放操作(共3分) □4.1 使用前对工量具进行校准(1分) □4.2 使用后对工量具进行清洁(1分) □4.3 作业完成后对工量具进行复位(1分) 5. 能进行"三不落地"操作(共3分) □5.1 作业过程做到油液不落地(1分) □5.2 作业过程做到水液不落地(1分) □5.3 作业过程做到工具不落地(1分)		

续表

技能面（应用技能、操作技能）		
操作点（共23分）	学生评价总结	教师评估
1. 能正确按标准流程拆装指定的气门（共15分） □1.1 能正确拆装凸轮轴轴承盖（3分） □1.2 能正确拆装气门弹簧（3分） □1.3 能正确拆装气门锁片及气门（3分） □1.4 能正确拆装气门挺柱（3分） □1.5 能正确按技术手册标准要求顺序安装凸轮轴轴承盖螺栓（3分） 2. 检查配气机构情况（共8分） □2.1 能正确清洁、检查气门（4分） □2.2 能正确清洁、检查气门挺柱（4分）		
作业面（保养作业）		
操作点（共47分）	学生评价总结	教师评估
配气机构的拆装与检查（共47分） □1. 检查准备拆装工具、量具，查阅技术手册，了解拆装顺序（3分） □2. 按正确顺序拧松凸轮轴轴承盖螺栓（5分） □3. 取下排气和进气凸轮轴（3分） □4. 拆卸气门组件（8分） □5. 清洗、清洁各零部件（5分） □6. 检查、测量气门等（5分） □7. 装配气门组件（10分） □8. 安装进气和排气凸轮轴（3分） □9. 按照正确顺序拧紧凸轮轴轴承盖螺栓（5分）		
信息面（信息录入、检索、应用）		
操作点（共10分）	学生评价总结	教师评估
1. 能正确使用维修手册查询资料（共3分） □1.1 查询发动机型号（1分） □1.2 查询气门的标准值（1分） □1.3 查询凸轮轴轴承盖螺栓拧紧力规格（1分） □2. 能在规定时间内查询所需资料（共3分） □3. 能正确记录所查询资料章节页码（共1分） □4. 能正确记录所需信息（共3分）		

续表

<table>
<tr><th colspan="3">工具及设备使用能力</th></tr>
<tr><td>操作点(共8分)</td><td>学生评价总结</td><td>教师评估</td></tr>
<tr><td>□1.能正确选用维修工具(共2分)
□2.能正确使用EN-50717通用型气门弹簧压缩工具套件(共2分)
□3.能正确使用各种量具(共2分)
□4.能判断气门的磨损情况(2分)</td><td></td><td></td></tr>
</table>

任务3　气缸的测量

工作任务	气缸的测量	教学方法	任务驱动法
建议学时	2	教学地点	理实一体化实训室
教学目标	1.能够选用正确的量具对气缸进行测量。 2.能够判断气缸是否需要修理。 3.能够主动获取信息，熟悉汽车使用情况，培养与他人有效沟通的能力和服务意识。 4.培养绿色、开放的发展观念。		
设备器材	实训发动机台架，维修资料，外径千分尺，内径百分表，清洁用具，工作手册式教材，网络教学资源等。		
任务引入	小王的爱车最近出现了动力性和经济性较正常情况下降很多，严重时还出现活塞敲缸声等情况。 经检查，发生以上现象的原因为发动机气缸磨损严重，须进行修理。		

知识储备

一、气缸体

气缸体的上半部有为引导活塞做往复运动的圆筒，称为气缸；下半部是供安装曲轴用的上曲轴箱。气缸体是组装发动机各机构和系统的基础件，并由它来保持发动机各运动件相互之间的准确位置关系。

气缸体的主要耗损形式有裂纹、磨损、变形及螺纹滑扣等。

1.气缸的磨损

磨损规律：气缸的磨损是不均匀的。①在气缸轴线方向呈上大下小的不规则锥形磨损；②在断面上的磨损呈不规则的椭圆形，一般前后或左右方向磨损最大；③位于发动机两端的气缸，冷却强度大，磨损量往往比中部的气缸略大。

一般以气缸的磨损程度作为发动机是否大修的主要依据。

扫码看微课

发动机机体组微视频

2.气缸磨损的测量(采用量缸表)

①在活塞的全行程的上、中、下三个断面。

②每个断面必须测量发动机纵向和横向两条直径。

③气缸圆度(同一断面测得的最大与最小直径差值的一半)误差。

④气缸圆柱度(三个断面测得的所有读数中最大与最小直径差值的一半)误差。(注：圆

度与圆柱度只要有其中之一达到极限值，均应修理或更换气缸。）

二、知识巩固

1. 根据气缸的排列形式可分为____________、____________和对置式。
2. 气缸体的结构形式有____________、____________和____________三种。
3. 气缸套有____________和____________两种。
4. 发动机各个机构和系统的装配机体是____________。
5. V8 发动机的气缸数为____________缸。
6. 6135Q 表示_________缸、直列、四冲程、缸径为_______mm 的水冷式汽车用发动机。
7. 测量气缸磨损，通常用(　　)。

A. 千分尺　　B. 量缸表　　C. 游标卡尺　　D. 螺旋测微仪

任务实施

一、实施前的准备工作

1. 常规准备工作：卫生清扫、场地安全确认、人数清点等。

2. 确认工量具：实训发动机台架、维修资料、外径千分尺、内径百分表、清洁用具、工作手册式教材、网络教学资源等。

3. 操作者穿戴好防护装备。

二、气缸的测量

1. 清洁和组装量缸表

扫码看微课

检测气缸缸径微视频

(1)清洁并检查量具和气缸。

(2)根据被测量气缸的标准尺寸选用合适量程的内径百分表并清洁和校零。

(3)根据气缸直径选择相应量程的固定量杆及固定螺母旋入表杆下端，固定量杆与活动量杆的总长度应小于所测气缸的直径。将百分表旋入表杆上端的安装孔中。

(4)安装后用手压缩内径百分表的下端活动量杆头，检查表针是

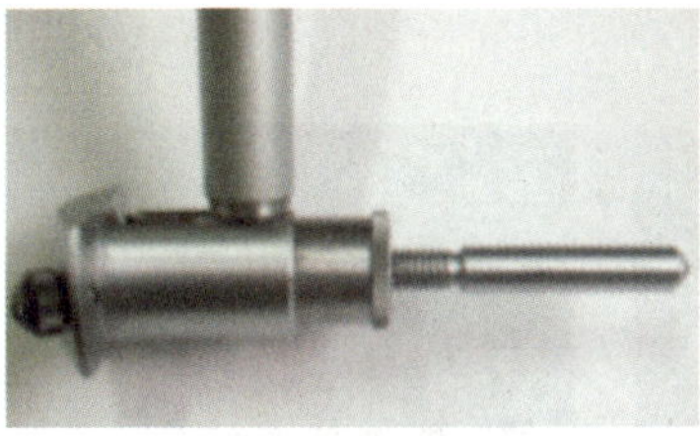

固定量杆及固定螺母旋入表杆下端

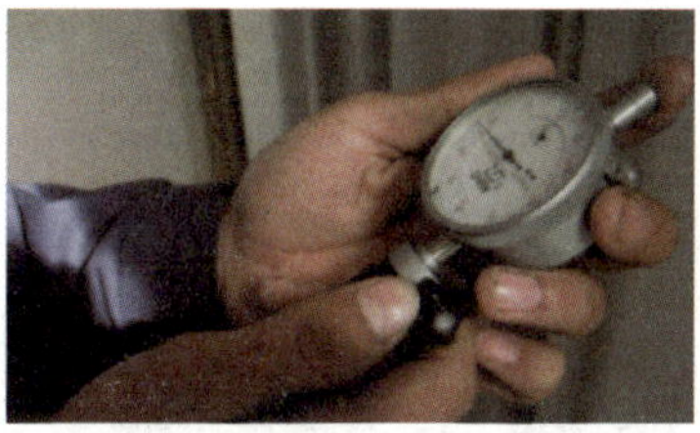

将百分表旋入表杆上端的安装孔中

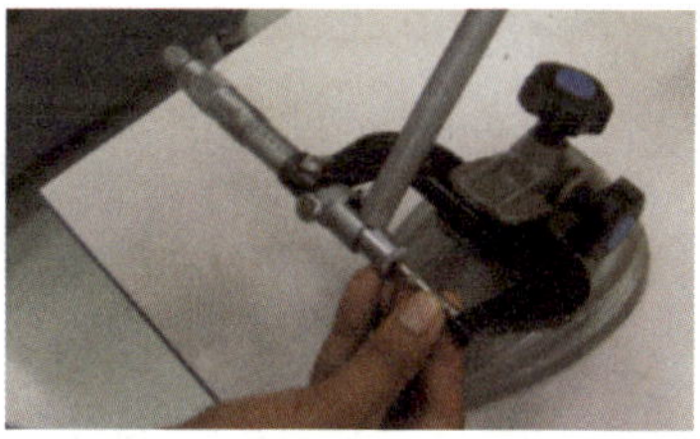

校对内径百分表尺寸

否转动灵活。

(5)校对内径百分表尺寸，将外径千分尺调到所量气缸的标准尺寸，将内径百分表的量杆伸入标准缸径的千分尺开口内，观察表针，将内径百分表校对到外径千分尺的尺寸，并使表针压低1~2 mm，转动表盘使表针对准零位，拧紧固定螺母。为使测量正确应重复检查一次。

(6)测量时，手拿住表杆的绝热手柄。表杆进入或退出被测孔时应斜放，不允许量杆在孔内垂直拉动或转动，以免量具磨损。

2.气缸的测量

(1)测量气缸直径。在气缸中取上（活塞位于上止点时第一道活塞环所对应的位置稍偏下，距离气缸体上平面10~15 mm）、中（气缸中部）、下（距气缸下边缘10 mm左右）三个截面，在每个截面上沿圆周方向移动量杆，在活塞行程区域内找到磨损最大处，记住表针所指刻度，旋转表面，使“0”对准表针所指刻度。这个刻度作为测量的基数。

(2)为保证测量的准确性，测量时，必须使量杆与气缸中心线垂直。因此，测量时应摆动表杆。当表针指到最小刻度时，量杆垂直于气缸中心线，此时的读数为标准读数。

(3)内径百分表的读数及气缸实际尺寸的计算。

①测量时，如果长指针正好指在零位，说明被测实际缸径与标准缸径相等。

②如果长指针顺时针方向离开零位，说明被测实际缸径小于标准缸径，其实际缸径等于标准缸径与长指针顺时针离开零位的数值之差。

③如果长指针逆时针方向离开零位，说明被测实际缸径大于标准缸径，其实际缸径等于标准缸径与长指针逆时针离开零位的数值之和。

扫码看微课

检测气缸的磨损微视频

用公式表示为：气缸实际尺寸=标准尺寸±偏离零位数值。公式中，长指针顺时针离开零位取负值；长指针逆时针离开零位取正值。

(4)将量杆移到上、中、下三个截面部分，测量每个截面上的缸径，每个截面所测得的最大与最小两直径之差的一半即为该截面的圆度误差，对三个截面所测得的圆度误差进行比较，取其最大值作为该气缸的圆度误差；同一气缸中不同截面所测得的所有直径中最大与最小直径的差值的一半即为被测气缸的圆柱度误差，气缸最大直径与标准直径之差为磨损量。

扫码看微课

检测气缸体磨损情况（动画仿真）

(5)清洁、整理工量具，清扫场地。

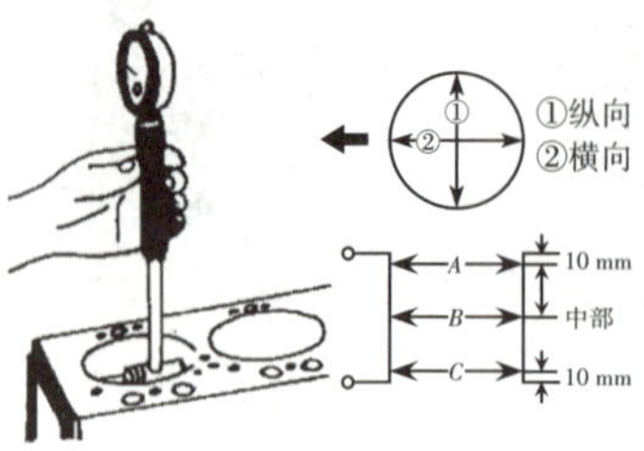

气缸的测量要求

气缸的测量

内径百分表

任务工单

工作任务	气缸的测量						
姓名		学号		班级		日期	
车辆信息							
标准缸径			发动机型号				

测量结果填入下表：

千分尺校正前读数				量缸表测量杆长度	
气缸号	位置号	直径1	直径2	圆度	圆柱度
1	位置1(上部)				
	位置2(中部)				
	位置3(下部)				
分析	气缸是否要修				
	维修尺寸级别				

情感面(作业安全、职业操守)

操作点(共24分)	学生评价总结	教师评估
1. 能进行工位“6S”操作(共6分) □1.1 整理、整顿(2分) □1.2 清理、清洁(2分) □1.3 素养、安全(2分) 2. 能进行设备器材的安全检查(共4分) □2.1 检查作业所需要的工具和设备是否完备(2分) □2.2 检查翻转架的情况是否正常(2分) □3. 能穿戴好防护装备(共2分) 4. 能进行工量具清洁、校准、存放操作(共6分) □4.1 使用前对工量具进行校准(2分) □4.2 使用后对工量具进行清洁(2分) □4.3 作业完成后对工具进行复位(2分) 5. 能进行“三不落地”操作(共6分) □5.1 作业过程做到油液不落地(2分) □5.2 作业过程做到水液不落地(2分) □5.3 作业过程做到工具不落地(2分)		

技能面(应用技能、操作技能)

操作点(共10分)	学生评价总结	教师评估
□1. 能正确测量气缸磨损量(6分) □2. 能正确判断气缸是否需要修理(共4分)		

续表

作业面(保养作业)		
操作点(共45分)	学生评价总结	教师评估
气缸的测量(共45分) □1.清洁气缸(2分) □2.清洁千分尺(2分) □3.清洁游标卡尺(2分) □4.使用游标卡尺确定气缸基本尺寸或查阅维修手册确定气缸标准尺寸(4分) □5.选定合适的测量杆和调整垫片(5分) □6.正确组装量缸表(10分) □7.正确测量气缸(15分) □8.读数,正确记录作业单,并得出结论(5分)		
信息面(信息录入、检索、应用)		
操作点(共15分)	学生评价总结	教师评估
1.能正确使用维修手册查询资料(共6分) □1.1 查询发动机型号(2分) □1.2 查询标准缸径(2分) □2.能在规定时间内查询所需资料(共3分) □3.能正确记录所查询资料章节页码(共3分) □4.能正确记录所需信息(共3分)		
工具及设备使用能力		
操作点(共6分)	学生评价总结	教师评估
□1.能正确使用各种量具(共3分) □2.能判断气缸的磨损情况(共3分)		

任务4 活塞环的检测与更换

工作任务	活塞环的检测与更换	教学方法	任务驱动法
建议学时	4	教学地点	理实一体化实训室
教学目标	1.能够正确地拆卸和安装活塞环。 2.能选用合适的拆装、测量工具。 3.能够主动获取信息，培养与他人有效沟通的能力和服务意识。 4.培养绿色、开放的发展观念。		
设备器材	实训发动机台架1台，维修资料，活塞环拆装钳，钢直尺，塞尺，游标卡尺，干净棉布，工作手册式教材，网络教学资源等。		
任务引入	小王最近发现爱车机油消耗严重，加速无力，排气管冒蓝烟，维修技师更换活塞环后，恢复正常。 活塞环是怎么检测和更换的呢？ 		

知识储备

一、基础知识

活塞连杆组由活塞、活塞环、活塞销、连杆和连杆轴瓦等组成。

活塞是用铝合金材料制成的。活塞的基本结构可分为顶部、环槽部(头部)、裙部三部分。活塞与气缸盖、气缸壁等共同组成燃烧室，活塞承受气体压力，并将此力传给连杆，以推动曲轴旋转。

活塞环分为气环和油环。

活塞环的作用是密封、散热、刮油和布油。气环的主要作用是密封和散热；油环的主要作用是刮油和布油。

活塞环间隙：

(1)端隙△1：活塞环装入气缸后，两端开口的间隙。

(2)侧隙△2：活塞环装入气缸后，活塞环侧面与活塞环槽之间的间隙。

(3)背隙△3：活塞环装入气缸后，活塞环背面与环槽底部的间隙。

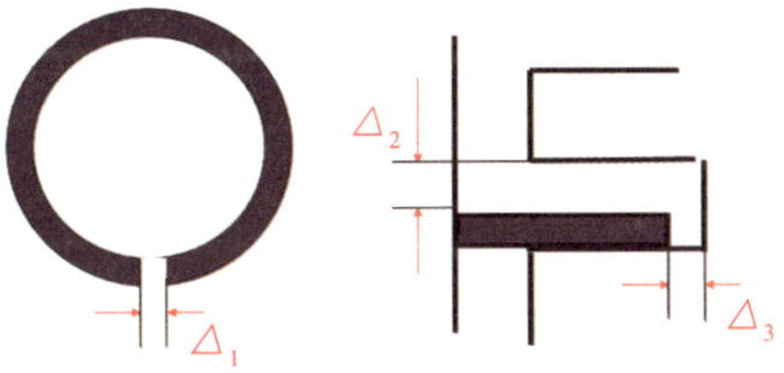

活塞环间隙

扫码看微课
活塞连杆组相关知识

扫码看微课
曲柄连杆机构微视频

活塞环磨损失效，将出现发动机起动困难，功率下降，曲轴箱压力升高，机油消耗量增加，排气冒蓝烟，燃烧室、活塞表面积炭等现象。

二、知识巩固

1. 认识活塞连杆组中序号对应部件，并将序号对应名称填写好。

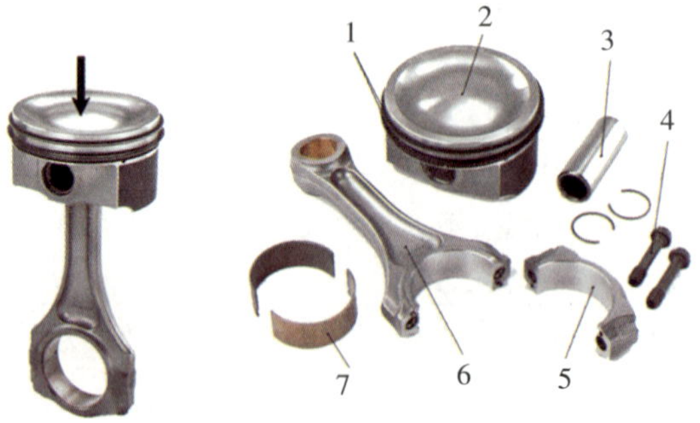

①______________________________

②______________________________

③______________________________

④______________________________

⑤______________________________

⑥______________________________

⑦______________________________

2. 活塞连杆组由__________、__________、__________、__________等组成。

3. 活塞环包括_____________和_____________两种。

4. 在安装活塞环时，各个活塞环的切口应_____________。

5. 连杆由_____________、_____________和_____________三部分组成。

6. 活塞由_____________、_____________和_____________三部分组成。

7. 活塞的最大磨损部位是(　　)。

A. 活塞环槽　　B. 活塞销座孔　　C. 活塞裙部

8. 造成连杆弯、扭变形的主要原因是(　　)。

A. 曲轴弯曲　　B. 装配不当　　C. 发动机超负荷和爆燃

9. 活塞在制造中，其头部有一定的锥度，主要是由于(　　)。

A. 减小运动的往复惯性力　　B. 节省材料　　C. 活塞在工作中受热不均

10. 活塞环背隙过小，将会造成(　　)。

A. 气缸和活塞磨损加剧　　B. 背压增大　　C. 气缸密封性降低

11. 测量活塞环端隙的量具是(　　)。

A. 游标卡尺　　B. 钢直尺　　C. 塞尺

任务实施

一、实施前的准备工作

1. 常规准备工作：卫生清扫、场地安全确认、人数清点等。

2. 清点工量具和设备：实训发动机台架1台、维修资料、活塞环拆装钳、钢直尺、塞尺、游标卡尺、干净棉布、工作手册式教材、网络教学资源等。

3. 操作者穿戴好防护装备。

二、活塞环间隙的检测与活塞环的更换

1. 活塞环的拆卸

（1）在拆卸前，确定各活塞环开口的位置，以便于更好地拆卸，同时检查活塞环槽有无变形，活塞环有无断裂等。

（2）用活塞环拆装钳依次取下第一道、第二道气环和油环。

（3）用手依次拆下油环的上刮油片、下刮油片和衬簧。

扫码看微课

检测活塞环间隙微视频

拆卸活塞环

2. 活塞环端隙（开口间隙）的检测

（1）清洁活塞环和气缸体。

（2）将活塞环置于气缸孔内距离气缸体顶面约25毫米的位置。

注意：将活塞环有标记的一面朝向气缸顶部。

（3）用活塞头定位活塞环，确保活塞环与气缸孔垂直。

注意：使用活塞连杆组应是对应气缸的，且活塞环已拆卸。

（4）清洁塞尺。

（5）选择合适厚度的塞尺，测量端隙。测量时，活塞环开口应水平。如果间隙超过了规定的规格，则必须更换活塞环。

（6）整理、清洁工量具及设备。

测量活塞环端隙

3. 活塞环侧隙的检测

（1）清洁活塞环和环槽。

（2）将活塞环放在对应的活塞环槽内。

注意：活塞环有标记的一面朝向气缸顶面。

测量活塞环侧隙

(3)清洁塞尺并选择合适的塞尺厚度。

(4)用塞尺在多个位置检查活塞环与环槽的间隙,测量活塞环与环槽的侧隙。

(5)整理、清洁工量具及设备。

4. 活塞环背隙的检测

(1)背隙是活塞环装入气缸后,活塞环背面与活塞环槽底之间的间隙。

(2)为了测量方便,用游标卡尺测量槽深和环宽,用槽深和环宽之差表示。

(3)背隙过大或过小,均应重新更换。

测量活塞环槽的深度

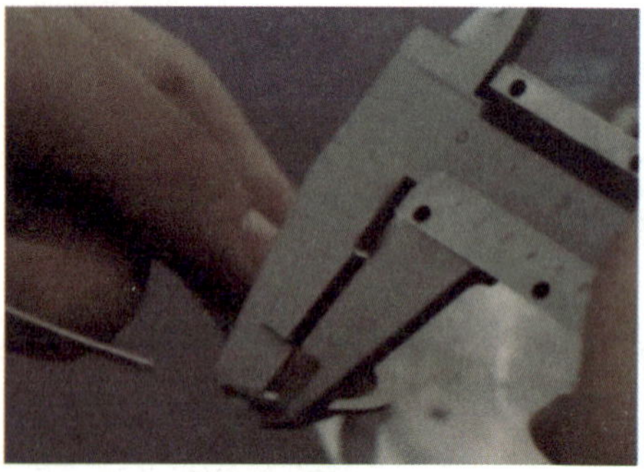

测量活塞环的宽度

5. 活塞环的安装

扫码看微课

活塞环的更换微视频

(1)对活塞和活塞环进行清洁。

(2)用手分别依次安装油环的衬簧、上刮油片和下刮油片。

(3)用活塞环拆装钳按顺序安装油环、第二道气环和第一道气环。

注意:安装活塞环时注意安装方向,环端有标记的一面应朝上。要将活塞环的开口错开,防止漏气窜油。

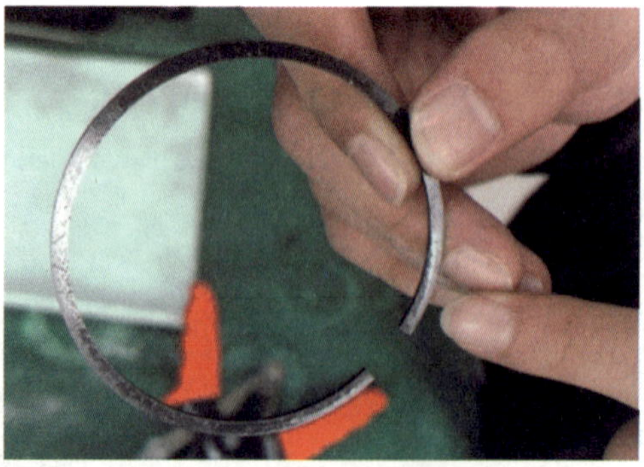

环端有标记的一面应朝上

任务工单

<table>
<tr><td>工作任务</td><td colspan="7">活塞环的检测与更换</td></tr>
<tr><td>姓名</td><td></td><td>学号</td><td></td><td>班级</td><td></td><td>日期</td><td></td></tr>
<tr><td colspan="8">车辆信息</td></tr>
<tr><td colspan="4">发动机型号</td><td colspan="4"></td></tr>
<tr><td colspan="8">检测结果：</td></tr>
</table>

	端隙	侧隙	背隙
第一道气环			
第二道气环			
油环			

1. 查阅维修手册，改发动机活塞间隙的标准值为：

端隙：________________

侧隙：________________

背隙：________________

2. 根据测量结果，活塞环是否需要更换？________________

情感面（作业安全、职业操守）

操作点（共15分）	学生评价总结	教师评估
1. 能进行工位“6S”操作（共6分） □1.1 整理、整顿（2分） □1.2 清理、清洁（2分） □1.3 素养、安全（2分） 2. 能进行设备器材的安全检查（共2分） □2.1 检查作业所需要的工具和设备是否完备（1分） □2.2 检查翻转架的情况是否正常（1分） □3. 能穿戴好防护装备（共1分） 4. 能进行工量具清洁、校准、存放操作（共3分） □4.1 使用前对工量具进行校准（1分） □4.2 使用后对工量具进行清洁（1分） □4.3 作业完成后对工量具进行复位（1分） 5. 能进行“三不落地”操作（共3分） □5.1 作业过程做到油液不落地（1分） □5.2 作业过程做到水液不落地（1分） □5.3 作业过程做到工具不落地（1分）		

续表

技能面(应用技能、操作技能)		
操作点(共17分)	学生评价总结	教师评估
能正确按标准流程拆装和检测活塞环(共17分) □1.1 能正确按技术手册标准要求拆下活塞环(4分) □1.2 能正确清洁气缸、活塞及活塞环(3分) □1.3 能正确测量活塞环端隙、侧隙和背隙(6分) □1.4 能正确按技术手册标准要求顺序安装活塞环(4分)		
作业面(保养作业)		
操作点(共43分)	学生评价总结	教师评估
活塞环的检测与更换(共43分) □1. 拆卸前,检查活塞开口位置,检查活塞环槽有无变形,活塞环有无断裂等(5分) □2. 用活塞环拆装钳依次拆下第一道气环、第二道气环和油环(6分) □3. 用手依次取下油环上刮油片、下刮油片和衬簧(3分) □4. 用塞尺测量活塞环的端隙(7分) □5. 用塞尺测量活塞环的侧隙(共7分) □6. 用游标卡尺测量活塞环的背隙(7分) □7. 按相反的顺序安装活塞环(8分)		
信息面(信息录入、检索、应用)		
操作点(共15分)	学生评价总结	教师评估
1. 能正确使用维修手册查询资料(共5分) □1.1 查询发动机型号(2分) □1.2 查询活塞环端隙、侧隙、背隙的标准值(3分) □2. 能在规定时间内查询所需资料(共3分) □3. 能正确记录所查询资料章节页码(共2分) □4. 能正确记录所需信息(共5分)		
工具及设备使用能力		
操作点(共10分)	学生评价总结	教师评估
□1. 能正确选用测量工具(共2分) □2. 能正确使用活塞环拆装钳(共4分) □3. 能正确使用塞尺和游标卡尺(共4分)		

任务5　曲轴的检测

工作任务	曲轴的检测	教学方法	任务驱动法
建议学时	2	教学地点	理实一体化实训室
教学目标	1. 能够正确对曲轴进行检测。 2. 能选择合适工量具检测曲轴。 3. 能够主动获取信息，培养与他人有效沟通的能力和服务意识。 4. 培养绿色、开放的发展观念。		
设备器材	实训发动机曲轴一个，维修资料，橡胶锤，磁力表座和百分表，千分尺，V型块，常用工具一套，网络教学资源等。		
任务引入	小王的爱车最近出现动力下降、发动机运转时发出异常响声，工作状态恶化。经“4S”店维修师傅检测，发现曲轴主轴颈磨损严重。 如何检测发动机曲轴？		

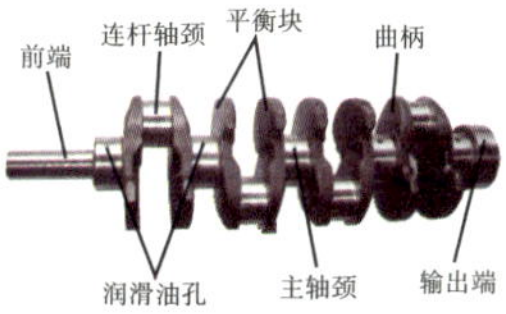

知识储备

一、基础知识

曲轴由前端、主轴颈、连杆轴颈、曲柄及平衡块和后端凸缘等组成。曲轴前端用来安装正时齿轮、皮带轮、扭转减振器及起动爪等；曲轴后端有飞轮结合盘（凸缘盘），用来安装飞轮。

扫码看微课
曲轴飞轮组
相关知识

一个连杆轴颈和它两端的曲柄及主轴颈构成一个曲拐。曲轴的曲拐数目等于气缸数（直列式发动机）；V型发动机曲轴的曲拐数等于气缸数的一半。

每个连杆轴颈两边都有一个主轴颈，称为全支承曲轴；主轴颈数等于或少于连杆轴颈数者称为非全支承曲轴。

曲轴损耗形式有轴颈的磨损、弯曲与扭曲变形、断裂及其他部位的损伤，最常见的是磨损。

曲轴磨损的特点：(1)主轴颈和连杆轴颈在径向的最大磨损部位发生在他们相互靠近的一侧；(2)连杆轴颈沿轴向呈锥形磨损，背离油道倾斜方向的一侧磨损较大；(3)连杆轴颈的磨损大于主轴颈。

曲轴一经发现横向裂纹，曲轴即应报废。细微纵向裂纹，可结合曲轴磨削予以消除。

二、知识巩固

认知曲轴，并填写序号名称。

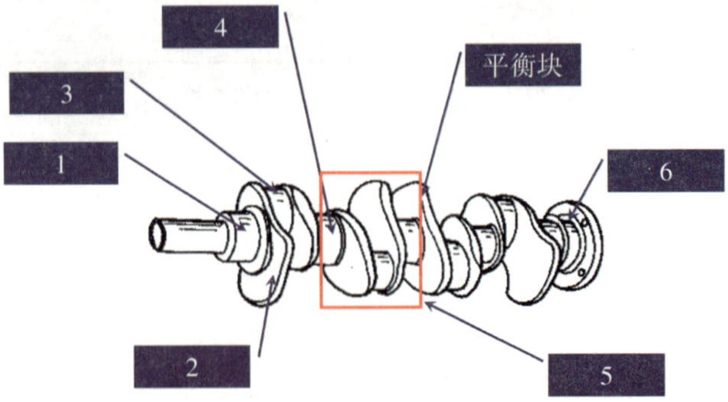

(1)________________；　　(2)________________；

(3)________________；　　(4)________________；

(5)________________；　　(6)________________。

任务实施

一、实施前的准备工作

1. 常规准备工作：卫生清扫、场地安全确认、人数清点等。

2. 检查工量具：实训发动机曲轴一个、维修资料、橡胶锤、磁力表座和百分表、千分尺、V型铁块、常用工具一套、网络教学资源等。

3. 操作者穿戴好防护装备。

扫码看微课

检测曲轴扭曲程度（动画仿真）

二、曲轴的检测

1. 曲轴的清洁和检查

(1)用溶剂清洁曲轴轴颈、轴瓦结合部位，检查疏通油道，使用压缩空气干燥曲轴。

(2)检查轴颈的磨损情况，有无出现线条状、金属剥落和裂纹。

(3)清洁轴瓦，检查轴瓦的磨损情况，有无出现金属剥落、定位块或定位销与孔有损伤及横向裂纹。

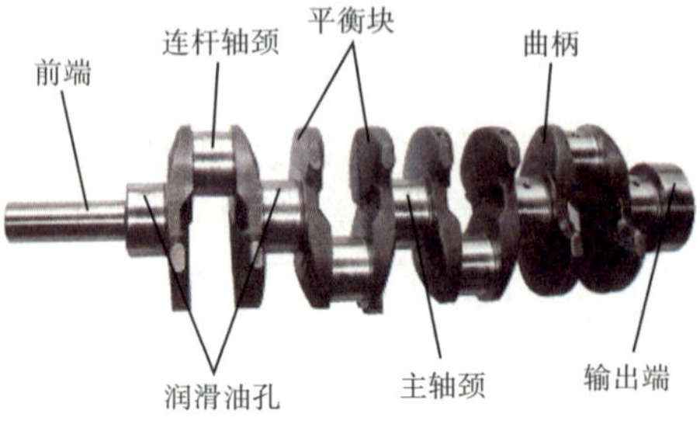

曲轴的结构

2. 曲轴的圆度和圆柱度测量

(1)清洁曲轴，放置于V型块上。

(2)清洁和校对外径千分尺。

(3)在曲轴主轴颈两端避开倒角、油孔处选择两个横截面I–I和II–II，每个截面测量两三次，得到该截面的最大直径和最小直径，并填入数据表中。

扫码看微课

测量曲轴各端面径向圆跳动（动画仿真）

扫码看微课

测量曲轴主轴颈（动画仿真）

扫码看微课

测量曲轴连杆轴颈（动画仿真）

（4）计算圆度和圆柱度误差。

①圆度误差：同一截面上的最大直径和最小直径差的一半，取最大值表示该轴颈的圆度误差。

②圆柱度误差：同一轴颈不同截面的最大直径和最小直径差的一半。

注意：用同样方法也可测量连杆轴颈圆度和圆度误差，工作单上只需测量并填写主轴颈圆度和圆柱度误差。

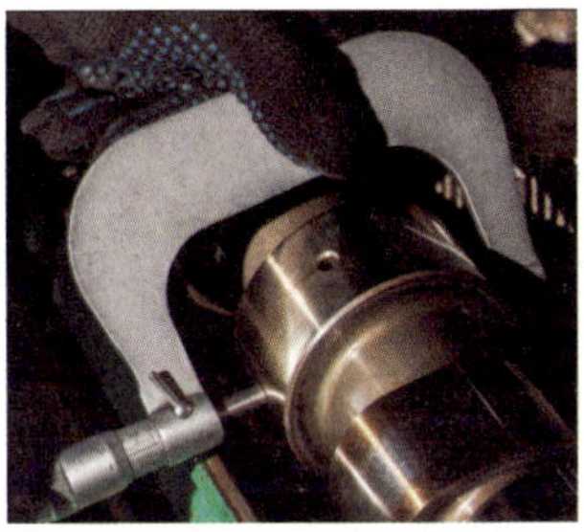

测量曲轴主轴颈直径

3. 曲轴的径向圆跳动量测量

（1）清洗曲轴，吹干后将曲轴两端放置于V型块上。

（2）清洁和校对百分表。

（3）将百分表的触头抵在中间主轴颈表面，转动曲轴一周，表上指针的最大与最小读数之差，即为中间主轴颈对两端主轴颈轴线的径向圆跳动误差。

备注：用同样方法可测量带轮轴颈、正时齿轮轴颈、飞轮凸缘径向端面及曲轴后端轴承孔等圆跳动量。

注意：任务单上只需测量主轴颈径向圆跳动量。

将百分表的触头抵在中间主轴颈表面，转动曲轴一周

4. 曲轴的轴向间隙测量

（1）清洁曲轴。

（2）清洁和校对百分表。

（3）把带磁力表座的百分表固定在发动机前面或者后面的缸体上。

（4）把百分表杆部平行于曲轴中心线放置，调整表针。

（5）前后撬动曲轴，观察百分表读数，其最大值与最小值之差，即为曲轴的轴向间隙。

轴向间隙过小，会使机件膨胀而卡住；过大易造成轴向窜动。

注意：还可以用塞尺测量曲轴轴向间隙，测量时用撬棍前后拨动曲轴曲柄臂，塞尺所能塞进曲轴止推片与曲轴之间的厚度即为曲轴轴向间隙。

测量曲轴径向圆跳动量

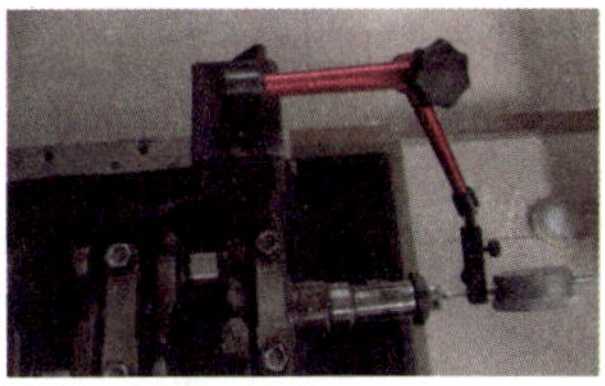

测量曲轴轴向间隙

任务工单

工作任务	曲轴的检测						
姓名		学号		班级		日期	

车辆信息			
汽车型号		发动机型号	

将测量数据填入下面表格：

测量名称	标准值	测量值
（1）曲轴轴向间隙		
检查结果分析：		
（2）曲轴径向跳动量		
检查结果分析：		

（3）曲轴圆度与圆柱度值测量

主轴颈		最大直径	最小直径	圆度	圆柱度
第一道	I–I 截面				
	II–II 截面				
第二道	I–I 截面				
	II–II 截面				
第三道	I–I 截面				
	II–II 截面				
第四道	I–I 截面				
	II–II 截面				
第五道	I–I 截面				
	II–II 截面				
检查结果分析：					

情感面（作业安全、职业操守）

操作点（共24分）	学生评价总结	教师评估
1. 能进行工位“6S”操作（共6分） □1.1 整理、整顿（2分） □1.2 清理、清洁（2分） □1.3 素养、安全（2分） 2. 能进行设备器材的安全检查（共4分） □2.1 检查作业所需要的工具和设备是否完备（2分） □2.2 检查翻转架的情况是否正常（2分） □3. 能穿戴好防护装备（共2分）		

续表

4. 能进行工量具清洁、校准、存放操作(共6分) □4.1 使用前对工量具进行校准(2分) □4.2 使用后对工量具进行清洁(2分) □4.3 作业完成后对工量具进行复位(2分) 5. 能进行“三不落地”操作(共6分) □5.1 作业过程做到油液不落地(2分) □5.2 作业过程做到水液不落地(2分) □5.3 作业过程做到工具不落地(2分)		
技能面(应用技能、操作技能)		
操作点(共15分)	学生总结评价	教师评估
□1. 能正确测量曲轴的圆度和圆柱度误差(5分) □2. 能正确测量曲轴的径向圆跳动量(5分) □3. 能正确测量曲轴的轴向间隙(5分)		
作业面(保养作业)		
操作点(共38分)	学生评价总结	教师评估
曲轴的检测(共38分) □1. 清洁曲轴(3分) □2. 检查曲轴磨损情况(5分) □3. 清洁和校对外径千分尺和百分表(3分) □4. 测量曲轴主轴颈的圆度和圆柱度误差(8分) □5. 测量曲轴的径向圆跳动量(8分) □6. 测量曲轴的轴向间隙(8分) □7. 清洁工具及场地(3分)		
信息面(信息录入、检索、应用)		
操作点(共17分)	学生评价总结	教师评估
1. 能正确使用维修手册查询资料(共8分) □1.1 查询发动机型号(2分) □1.2 查询曲轴主轴颈和圆度和圆柱度误差(2分) □1.3 查询曲轴径向圆跳动量(2分) □1.4 查询曲轴轴向间隙(2分) □2. 能在规定时间内查询所需资料(共3分) □3. 能正确记录所查询资料章节页码(共1分) □4. 能正确记录所需信息(共5分)		
工具及设备使用能力		
操作点(共6分)	学生评价总结	教师评估
□1. 能正确选择测量工具(共2分) □2. 能正确使用外径千分尺(共2分) □3. 能正确使用百分表(共2分)		

任务6　离合器的检修

工作任务	离合器的检修	教学方法	任务驱动法
建议学时	4	教学地点	理实一体化实训室
教学目标	1. 能够正确进行离合器及其操纵机构的拆装。 2. 能够掌握检查、修理各零部件的基本方法。 3. 培养“6S”理念，养成严谨的工作作风。		
设备器材	实训车辆，别克威朗发动机台架，举升机，维修资料，变速器托架，百分表，千分尺，扭力扳手，常用工具箱，飞轮固定器，对中轴，车辆防护装备，干净棉布，手套，工作手册式教材等。		
任务引入	最近，小王发现他的爱车，在踩下离合器踏板时，会出现异响、打滑和不容易换挡等现象。经维修技术人员检查为离合器磨损严重，须更换。那么离合器应该如何检修、更换呢？ 		

知识储备

一、离合器

1. 离合器的功用

（1）使发动机与传动系统逐渐接合，保证汽车平稳起步。

（2）暂时切断发动机的动力传动，保证变速器换挡平顺。

（3）限制所传递的转矩，防止传动系统过载。

扫码看微课

离合器的结构原理

2. 离合器的类型

（1）按从动盘的数目分：单片式、双片式。

（2）按压紧弹簧的形式分：膜片弹簧式、多簧式、中央弹簧式。

（3）按操纵方式分：机械式、液压式、气压式。

3. 离合器的基本组成

（1）主动部分：主要由飞轮、压盘和离合器盖等组成。

（2）从动部分：主要由从动盘、从动轴等组成。

离合器的基本组成

(3)压紧部分:有膜片或螺旋弹簧两种类型。

(4)操纵机构:使离合器迅速彻底分离来适应换挡的需要,并使之柔和接合以满足汽车平稳起步的需要。操纵机构主要有机械式和液压式两种。

①机械式操纵机构(杆件式):主要由踏板、回位弹簧、拉杆调节叉、分离叉、分离轴承等组成。

②液压式操纵机构:主要由踏板、主缸、储液罐、工作缸、分离板、分离轴承、助力弹簧及管路系统等组成。

4.离合器的工作原理

(1)离合器接合过程。

当发动机工作时,飞轮带动离合器主动部分压盘、离合器盖一起旋转。由于在压紧弹簧的作用下,压盘和从动盘被紧压在飞轮上,而使从动盘结合面与飞轮、压盘产生摩擦力矩,并通过从动盘带动变速器第一轴一起旋转,发动机的动力便传给了变速器。当从动盘与飞轮、压盘间的摩擦力矩大于发动机的输出扭矩,从动盘与飞轮等速转动,扭矩正常输出;反之,从动盘与飞轮间产生滑转。

(2)离合器分离过程。

当驾驶员踩下踏板时,通过联动件使分离轴承前移,压在分离杠杆上,使压盘产生一个向后的拉力,当拉力大于压紧弹簧的弹力时,从动盘与飞轮、压盘脱离接触,发动机则停止向变速器输出动力。

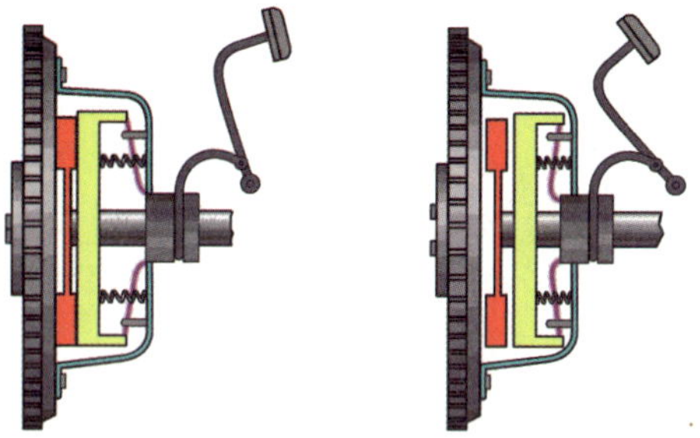

离合器接合过程　　离合器分离过程

(3)汽车起步过程。

当缓慢放松踏板时,通过联动件作用在压盘上的拉力逐渐减小,在压紧弹簧的作用下,从动盘与飞轮、压盘接合程度逐渐增加,其摩擦力矩逐渐增大,当大于汽车通过传动系统作用在从动盘上的阻力扭矩时,从动盘便与飞轮等速转动,于是汽车起步。

二、知识巩固

1.写出下列离合器总成各元件名称,并在实训车辆中找出来。

(1)________________;　　(2)________________;

(3)________________;　　(4)________________;

(5)________________。

（1）

（2）

（3）

（4）

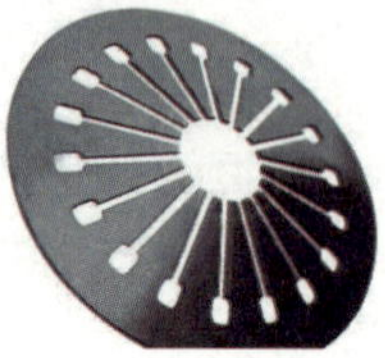

（5）

2.汽车离合器总成的作用是:____。

3.单片摩擦式离合器由__________、__________、__________、__________四部分组成。

4.摩擦式离合器的工作原理是:

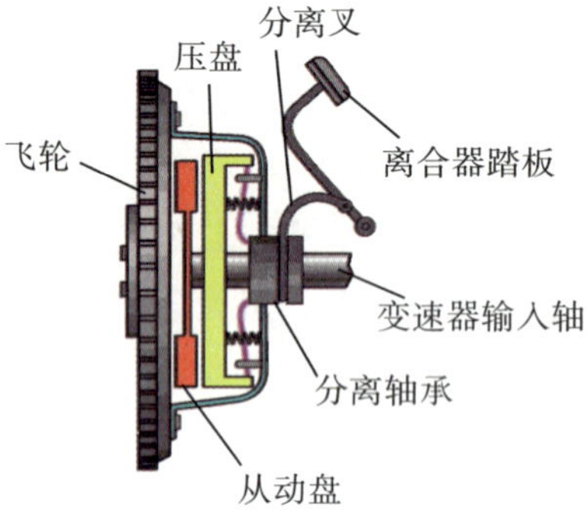

任务实施

一、实施前的准备工作

1.常规准备工作:卫生清扫、场地安全确认、人数清点、安全教育等。

2.拆卸注意事项

(1)拆卸离合器前,应先拆下蓄电池负极电缆。

(2)注意每个拆卸零件的安装位置和方向。

(3)工具、量具及设备要合理规范的使用。

3.操作者穿戴好实训工装。

扫码看微课

离合器的拆装
微视频

用飞轮固定器将飞轮固定

拧松固定螺栓

取下压盘总成和
从动盘总成

二、实施的具体步骤

检查压盘的翘曲

1. 拆卸离合器

(1)拆卸前在离合器盖与飞轮上做装配标记。

(2)用飞轮固定器将飞轮固定。

(3)选用合适的套筒交替对称拧松离合器压盘总成与飞轮之间的固定螺栓。

(4)取下压盘总成和从动盘总成。

2. 离合器的检修

从动盘外观检查

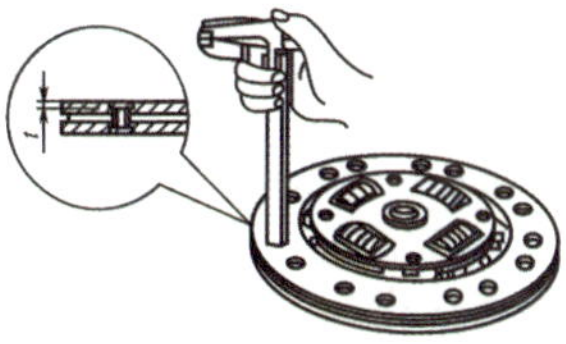
检查从动盘摩擦片的厚度

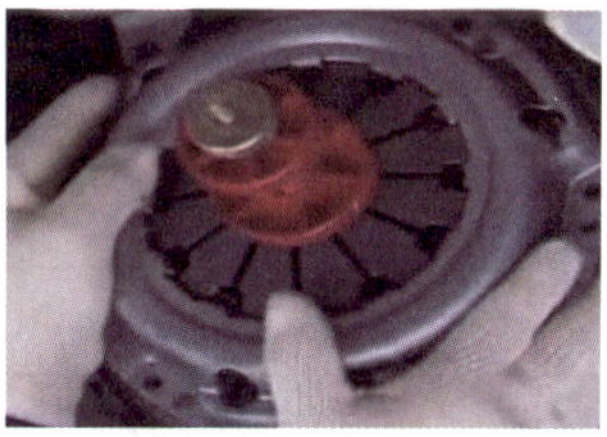
用对中轴将离合器盖和从动盘总成的轴心调成一致

(1)离合器总成的直观检查。

①离合器工作表面是否有油污。

②离合器工作表面磨损是否均匀。

③压紧弹簧有无损坏。

④离合器从动盘是否翘曲或者严重磨损。

(2)飞轮的检查。

检查齿圈、齿轮是否有磨损。

(3)压盘和离合器盖的检查。

①直观检查压盘和离合器盖是否有裂纹或变形。

②检查压盘是否存在严重的磨损。

③检查压盘是否有翘曲。

④膜片弹簧磨损的深度和宽度检查。

(4)从动盘的检查。

①检查从动盘摩擦衬片表面是否有烧焦、开裂现象。

②检查扭转减振器弹簧是否折断。

③检查铆钉是否松动。

④用游标卡尺检查从动盘摩擦片的厚度。

(5)分离轴承的检查。

①检查分离轴承是否灵活。

②检查轴承运转是否有噪声。

注意：若离合器压盘和从动盘被异物(油、清洁剂等)污染，必须更换。

3. 离合器的装配

(1)安装压盘总成和从动盘总成。

(2)安装6个新的离合器压盘螺栓，紧固至25 N·m。

(3)拆下飞轮固定器。

注意：应按离合器盖与飞轮上的装配标记进行装配。

4.**装配后检验**

(1)用举升机将车辆升起,使车轮稍离地面。

(2)将变速器置于空挡,点火开关旋到起动位置,起动发动机。

(3)起动后,踩下离合器踏板时,应没有任何异常响声。

(4)完全踩下踏板时,依次挂挡一次,此时变速器应没有撞击声,能够很顺利挂入所选挡位。

(5)检验完成后清洁车辆、场地,整理工具。

任务工单

<table>
<tr><td>工作任务</td><td colspan="7">离合器的检修</td></tr>
<tr><td>姓名</td><td></td><td>学号</td><td></td><td>班级</td><td></td><td>日期</td><td></td></tr>
<tr><td colspan="8">车辆信息</td></tr>
<tr><td>车型</td><td colspan="2"></td><td>生产年份</td><td></td><td>制造厂</td><td colspan="2"></td></tr>
<tr><td>VIN码</td><td colspan="3"></td><td>发动机型号</td><td colspan="3"></td></tr>
<tr><td colspan="8">离合器工作表面是否有油污:__________________
离合器工作表面是否均匀:__________________
离合器压盘是否翘曲:__________________
压紧弹簧有无损坏:__________________
离合器从动盘是否翘曲或严重磨损:__________________
扭转减振器弹簧是否折断:__________________
用游标卡尺检测膜片弹簧磨损的深度:__________________;宽度:__________________
从动盘端面跳动量:__________________</td></tr>
<tr><td colspan="8">情感面(作业安全、职业操守)</td></tr>
<tr><td colspan="4">操作点(共15分)</td><td colspan="2">学生评价总结</td><td colspan="2">教师评估</td></tr>
<tr><td colspan="8">1.能进行工位“6S”操作(共3分)
□1.1 整理、整顿(1分)
□1.2 清理、清洁(1分)
□1.3 素养、安全(1分)
2.能进行设备器材的安全检查(共2分)
□2.1 检查作业所需要的工具和设备是否完备(1分)
□2.2 检查举升机的举升情况是否正常(1分)
3.能进行车辆安全防护操作(共3分)
□3.1 正确安装车辆翼子板布(1分)
□3.2 正确安装车内三件套(1分)
□3.3 正确安装车轮挡块(1分)
□4. 能穿戴好防护装备(共1分)</td></tr>
</table>

5. 能进行工量具清洁、校准、存放操作(共3分) □5.1 使用前对工量具进行校准(1分) □5.2 使用后对工量具进行清洁(1分) □5.3 作业完成后对工量具进行复位(1分) 6. 能进行“三不落地”操作(共3分) □6.1 作业过程做到油液不落地(1分) □6.2 作业过程做到零件不落地(1分) □6.3 作业过程做到工具不落地(1分)		
技能面(应用技能、操作技能)		
操作点(共42分)	学生评价总结	教师评估
□1. 确认离合器工作表面是否有油污(3分) □2. 检查离合器工作表面是否均匀(3分) □3. 检查压紧弹簧有无损坏(3分) □4. 检查离合器从动盘是否翘曲或严重磨损(8分) □5. 检查压盘是否有翘曲(6分) □6. 检查膜片弹簧磨损的深度和宽度(8分) □7. 检查扭转减振器弹簧是否折断(3分) □8. 检查从动盘端面跳动检查(8分)		
作业面(保养、拆装、维修、诊断作业)		
操作点(共23分)	学生评价总结	教师评估
离合器的检修(共23分) 1. 拆卸离合器(共13分) □1.1 在离合器罩壳和飞轮上做好装配记号(4分) □1.2 用飞轮固定器固定飞轮(3分) □1.3 按对角线交替、均匀地拧松固定螺栓(3分) □1.4 拆下固定螺栓和离合器盖(3分) 2. 离合器的安装(共10分) □2.1 安装压盘总成和从动盘总成(3分) □2.2 安装固定螺栓至25 N·m(4分) □2.3 拆下飞轮固定器(3分)		
信息面(信息录入、检索、应用)		
操作点(共10分)	学生评价总结	教师评估
□1. 能正确使用维修手册查询资料(共3分) □2. 能在规定时间内查询所需资料(共3分) □3. 能正确记录所需信息(共4分)		

续表

工具及设备使用能力		
操作点(共10分)	学生评价总结	教师评估
□1.能正确选用维修工具(共2分) □2.能正确使用套筒扳手工具(共2分) □3.能正确使用维修工具拆装(共2分) □4.能正确使用游标卡尺(共2分) □5.能正确使用举升机(共2分)		

任务7　手动变速器的拆检

工作任务	手动变速器的拆检	教学方法	任务驱动法
建议学时	6	教学地点	理实一体化实训室
教学目标	1.能够正确进行手动变速器各组件的拆装和检修。 2.能够描述检查、修理各零部件的基本方法。 3.培养“6S”理念，养成严谨的工作作风。		
设备器材	别克威朗手动变速器台架，维修资料，变速器托架，扭力扳手，常用工具箱，干净棉布，手套，工作手册式教材等。		
任务引入	小王的爱车出现挂挡时有异响、挡位难挂等现象，经维修技术人员检修，排除离合器故障，那么会是哪里出问题了呢？ 		

知识储备

一、变速器

1.变速器的功用

实现变速、变矩，实现倒车，实现中断动力传动。

扫码看微课

变速器的结构原理

2.变速器类型

按传动比变化方式分为：有级式变速器、无级变速器CVT、综合式变速器。

按操纵方式分为：手动变速器MT、自动变速器AT、手自一体变速器AMT。

3.变速器工作原理

(1)变速器变速原理。

一对啮合传动的齿轮，设小齿轮齿数为17齿，大齿轮齿数为34齿，则在相同时间内，小齿轮转2周而大齿轮只能转1周(即小齿轮转速为大齿轮转速的2倍)，

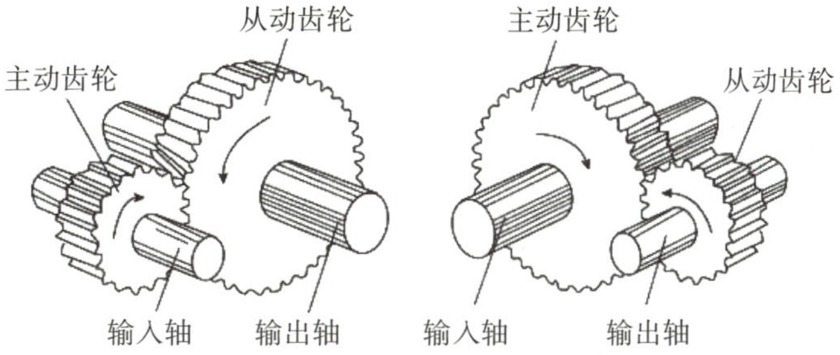

变速原理

可见两齿轮的转速与齿数成反比。

若小齿轮是主动齿轮，它的转速经大齿轮（从动齿轮）传出时就降低了；反之，以大齿轮为主动齿轮，它的转速经小齿轮（从动齿轮）传出时就升高了。

（2）变速器变矩原理。

转速降低，输出扭矩增大；转速升高，输出扭矩减小。

（3）变向原理。

由于相啮合的一对齿轮旋转方向相反，所以每经过一对外啮合齿轮副，则改变一次转向。若在输入轴与输出轴之间再加一根轴，并在其上装有惰轮，从而使输出轴与输入轴的转向相同。惰轮的作用，就是改变输出轴的转动方向。惰轮为倒挡齿轮，其轴称倒挡轴，汽车挂倒挡时，改变了输出轴的转动方向，便可以实现倒车行驶。

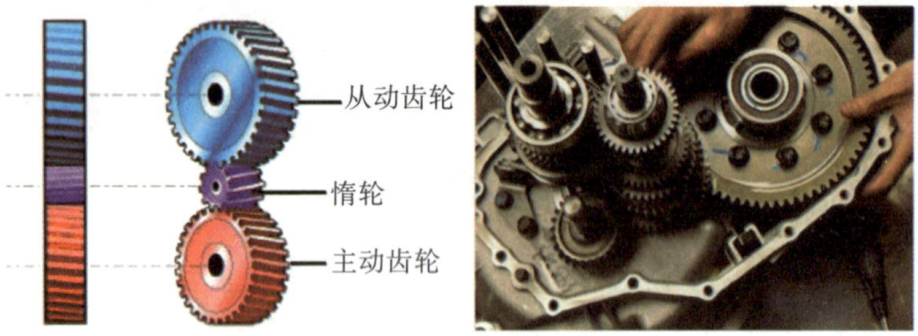

变向原理

4.变速器结构

手动变速器由变速传动装置、变速器壳体、操纵机构组成。

自动变速器由液力变矩器、齿轮变速机构、换挡执行元件、液压控制系统、电子控制系统等组成。

液力变矩器通常由泵轮、涡轮和导轮三个元件组成，称为三元件液力变矩器。也有采用两个导轮的液力变矩器，称为四元件液力变矩器。

齿轮变速机构：单排行星齿轮机构主要由一个太阳轮（或称为中心轮）、一个带有若干个行星齿轮的行星架和一个齿圈组成。由于太阳轮与行星轮是外啮合，所以二者的旋转方向是相反的；而行星轮与齿圈是内啮合，所以这二者的旋转方向是相同的。

二、知识巩固

1.齿轮的变速原理

（1）当两个齿数相等的齿轮啮合时，主动齿轮和从动齿轮速度相等；

（2）当小齿轮和大齿轮啮合传动时，______________________________；

（3）当大齿轮和小齿轮啮合传动时，______________________________。

2.变速器的作用及工作原理

（1）变速器的作用：

____。

(2)单级齿轮传动的传动比计算：

____。

任务实施

一、实施前的准备工作

1. 常规准备工作：卫生清扫、场地安全确认、人数清点、安全教育等。
2. 检查工量具。
3. 拆装注意事项。
(1)防止拆卸零件表面被擦伤，拆下的零件要按顺序正确摆放。
(2)注意每个拆卸零件的安装位置和方向。
(3)工具、量具及设备要合理规范的使用。
4. 操作者穿戴好实训工装。

二、手动变速器拆检

1. 外观检查

(1)检查变速器外壳是否有裂纹。
(2)检查变速器是否漏油。

2. 变速器壳体的拆装

(1)做好操作前准备。
(2)拆下并报废变速器壳体盖螺栓。
(3)用十字交叉方式拆下并报废变速器壳体螺栓。
(4)在合适的部位小心撬动，取下变速器壳体。
(5)按相反顺序进行安装。

3. 变速器输入轴的拆卸与装配

拆卸前，取下所有换挡拨叉。
第一部分，拆卸：
(1)从输入轴上拆下6挡齿轮、齿轮轴承、齿轮外锁环。
(2)使用GE-396钳子将5挡和6挡同步器毂卡环从输入轴上拆下并报废。为了方便卡环的拆卸，使用DT-46759套筒敲下同步器毂。
(3)拆下5挡和6挡同步器接合套、同步器滑块。
(4)使用DT-51447拆卸工具支撑5挡齿轮，将输入轴从5挡和6挡同步器毂、5挡齿轮锁环和5挡齿轮压出。
注意：压出完成前固定住输入轴，不得将输入轴掉到地上。

变速器输入轴和主轴

组装变速器

(5)拆解拆下的组件:

①将5挡和6挡同步器毂从5挡齿轮上拆下。

②拆下5挡齿轮外锁环。

(6)从输入轴上拆下5挡齿轮轴承。

(7)拆下4挡齿轮止推垫圈卡环、止推垫圈。

(8)从输入轴上拆下4挡齿轮。

(9)拆下4挡齿轮轴承、内锁环、中间锁环、外锁环。

(10)使用GE-396钳子将3挡和4挡同步器毂卡环从输入轴上拆下并报废。为了方便卡环的拆卸,使用DT-46759套筒敲下同步器毂。

(11)拆下3挡和4挡同步器接合套、同步器滑块。

(12)使用DT-307-B板支撑3挡齿轮,将输入轴从3挡和4挡同步器毂、3挡齿轮锁环和3挡齿轮压出。

(13)拆解拆下的组件。

①将3挡和4挡同步器毂从3挡齿轮上拆下。

②拆下3挡齿轮外锁环、中间锁环、内锁环。

(14)在凹槽处小心打开3挡齿轮轴承,足以拆下轴承即可,将3挡齿轮轴承从输入轴上拆下。

(15)使用DT-22912-B拆卸工具支撑输入轴轴承,将输入轴从输入轴轴承中压出。

第二部分,装配:

(1)将3挡齿轮轴承和齿轮安装至输入轴。

(2)安装3挡齿轮锁环:

①将3挡齿轮内锁环安装至3挡齿轮。3挡中间锁环的凸耳必须卡入3挡齿轮。

②将3挡齿轮中间锁环安装至3挡齿轮。

③将3挡齿轮外锁环安装至3挡齿轮。3挡齿轮内锁环的凸耳必须卡入3挡齿轮外锁环。

(3)将3挡和4挡齿轮同步器毂放置在输入轴的传动处。3挡和4挡齿轮同步器毂不分上下。

(4)将输入轴安装至DT-46759套筒。提起3挡齿轮并转动,直到3挡齿轮外锁环的齿卡入3挡和4挡齿轮同步器毂。

(5)将3挡和4挡齿轮同步器毂压装在输入轴上时,提起3挡齿轮,使用DT-514安装工具压装同步器毂。

注意:安装时,3挡齿轮外锁环的齿必须保持在3挡和4挡齿轮同步器毂内。

(6)将3挡和4挡齿轮同步器接合套、同步器滑块安装至3挡和4挡齿轮同步器毂。

(7)将3挡和4挡齿轮同步器接合套挂入空挡。

(8)使用GE-396钳子将3挡和4挡齿轮同步器卡环安装至输入轴。

(9)安装4挡齿轮锁环:

①将4挡齿轮外锁环安装至3挡和4挡齿轮同步器毂。4挡齿轮外锁环的齿必须位于3挡和4挡齿轮同步器毂内。

②将4挡齿轮中间锁环安装至3挡和4挡齿轮同步器毂。

③将4挡齿轮内锁环安装至3挡和4挡齿轮同步器毂。4挡齿轮内锁环的凸耳必须卡入4挡齿轮外锁环。

(10)将4挡齿轮轴承、4挡3齿轮安装至输入轴,转动4挡齿轮以卡入锁环。

(11) 检查换挡功能是否正确:

①将3挡和4挡同步器接合套挂入3挡。

②将3挡和4挡同步器接合套挂入4挡。

③将3挡和4挡同步器接合套挂入空挡。

(12)将2个4挡齿轮止推垫圈安装至输入轴。

(13)安装4挡齿轮止推垫圈卡环。

(14)安装5挡齿轮轴承。

(15)将5挡齿轮安装至输入轴。

(16)安装5挡齿轮外锁环。

(17)将5挡和6挡齿轮同步器毂放置在输入轴的传动处。5挡和6挡同步器毂的凸纹朝上。

(18)将输入轴安装至DT-46759套筒,提起5挡齿轮并转动,直到5挡齿轮外锁环的齿卡入5挡和6挡齿轮同步器毂。

(19)将5挡和6挡齿轮同步器毂压装在输入轴上时,提起5挡齿轮,使用DT-514安装工具压装同步器毂。

注意:安装时,5挡齿轮外锁环的齿必须保持在5挡和6挡齿轮同步器毂内。

(20)使用GE-396钳子将5挡和5挡齿轮同步器卡环安装至输入轴。

(21)使用DT-781安装工具将输入轴轴承安装至输入轴。

(22)将5挡和6挡齿轮同步器接合套安装至同步器毂。

注意:5挡和6挡同步器接合套只有处于正确位置时才能卡住;接合套齿的凹面必须安装在5挡和6挡齿轮同步器滑块所在位置。

(23)将5挡和6挡齿轮同步器滑块安装至5挡和6挡齿轮同步器毂。

(24)将5挡和6挡齿轮同步器接合套挂入空挡。

(25)将6挡齿轮外锁环安装至输入轴。

(26)安装6挡齿轮轴承、6挡齿轮,转动6挡齿轮以卡入锁环。

(27)检查换挡功能是否正确:

①将5挡和6挡同步器接合套挂入5挡。

②将5挡和6挡同步器接合套挂入6挡。

③将5挡和6挡同步器接合套挂入空挡。

4. 主轴的拆卸与装配

第一部分,拆卸:

(1)将主轴从6挡齿轮压出,使用DT-307-B板支撑6挡齿轮,并用合适的心轴压出主轴。

(2)拆下5挡和6挡齿轮隔片。

(3)将主轴从4挡和5挡齿轮压出。5挡齿轮松动时即停止。

(4)拆下5挡齿轮。

(5)将主轴从4挡齿轮压出。压出完成前固定住主轴,不得将主轴掉到地上。

(6)拆下3挡和4挡齿轮隔片。

(7)将主轴从3挡齿轮、2挡齿轮、1挡和2挡齿轮同步器和1挡齿轮中压出。压出完成前固定住主轴,不得将主轴掉到地上。压出长度大约为6厘米(2.3英寸)。

(8)拆解第一步中拆下的组件:

①拆下3挡齿轮。

②拆下2挡齿轮。

③拆下2挡齿轮轴承。

④拆下2挡齿轮轴承座圈。

(9)拆解第二步中拆下的组件。

①拆下2挡齿轮内锁环。

②拆下2挡齿轮中间锁环。

③拆下2挡齿轮外锁环。

④拆下1挡和2挡齿轮同步器接合套。

⑤拆下3个1挡和2挡齿轮同步器滑块。

⑥拆下1挡和2挡齿轮同步器毂。

扫码看微课

更换变速器
1挡齿轮
(动画仿真)

(10)拆解第三步中拆下的组件。

①拆下1挡和2挡齿轮同步器毂止推垫圈。

②拆下1挡齿轮外锁环。

③拆下1挡齿轮中间锁环。

④拆下1挡齿轮内锁环。

⑤拆下1挡齿轮。

(11)将1挡齿轮轴承从主轴上拆下。

(12)拆下1挡齿轮止推轴承。

扫码看微课

更换变速器
2挡同步器
(动画仿真)

(13)拆下并报废主轴轴承护圈。

(14)将主轴从主轴轴承压出,使用DT-22912-B拆卸工具支撑主轴轴承,并用合适的心轴压出主轴。压出完成前固定住主轴,不得将主轴掉到地上。

第二部分,装配:

(1)准备主轴轴承的安装。使用软头锤小心地将轴承敲装在主轴顶部,只要轴承不会掉落即可。

注意:凹口必须朝上。

(2)使用合适的套筒将主轴轴承压装到主轴上。

扫码看微课

更换变速器
输入轴
(动画仿真)

(3)安装新的主轴轴承固定件。

(4)将DT-46759-01套筒放置在压具上。

(5)将1挡和2挡同步器毂放置在DT-46759-01套筒上,凸纹朝下。

(6)安装1挡和2挡齿轮同步器毂止推垫圈。

(7)将1挡齿轮轴承安装至1挡齿轮。

(8)将1挡齿轮内锁环安装至1挡齿轮。

(9)将1挡齿轮中间锁环安装至1挡齿轮。

注意：1挡中间锁环的凸耳必须卡入1挡齿轮。

(10)将1挡齿轮外锁环安装至1挡齿轮。

注意：1挡齿轮内锁环的凸耳必须卡入1挡齿轮外锁环。

(11)将1挡齿轮、1挡齿轮锁环和1挡齿轮轴承放置在1挡和2挡齿轮同步器毂上。

注意：1挡齿轮外锁环的齿必须位于1挡和2挡齿轮同步器毂内。

(12)将1挡齿轮止推轴承安装至1挡齿轮。

注意：止推轴承滚针应朝向1挡齿轮。

(13)将1挡齿轮止推轴承和1挡齿轮与1挡和2挡齿轮同步器毂对中。

(14)安装主轴。

(15)用小螺丝刀提升1挡止推轴承和1挡轴承，使其脱离1挡齿轮。

(16)将1挡止推轴承和1挡轴承保持在边缘上。

(17)将主轴压入1挡和2挡同步器毂。

①将主轴压入1挡和2挡同步器毂，直至达到1挡轴承边缘，保持1挡止推轴承和1挡轴承朝上。

②小心地边压边将1挡轴承装入1挡齿轮，保持1挡止推轴承和1挡轴承朝上。

③一边小心地转动，一边压入主轴到底，1挡轴承一半装进1挡齿轮中时，无须保持轴承朝上。

(18)将1挡和2挡齿轮同步器接合套安装至同步器毂。

①接合套齿的凹面必须安装在1挡和2挡齿轮同步器滑块所在位置。

②接合套的凹槽朝向1挡齿轮。

(19)将1挡和2挡齿轮同步器滑块安装至1挡和2挡齿轮同步器毂。

(20)将1挡和2挡齿轮同步器接合套挂入空挡。

(21)使用DT-625安装工具将2挡齿轮轴承座圈压装到主轴上。

(22)将2挡齿轮轴承安装至主轴。

(23)安装2挡齿轮锁环。

①将2挡齿轮外锁环安装至1挡和2挡齿轮同步器毂。2挡齿轮外锁环的齿必须位于1挡和2挡齿轮同步器毂内。

②将2挡齿轮中间锁环安装至1挡和2挡齿轮同步器毂。

③将2挡齿轮内锁环安装至1挡和2挡齿轮同步器毂。2挡齿轮内锁环的凸耳必须卡入2挡齿轮外锁环。

(24)将2挡齿轮安装至主轴。转动2挡齿轮，使2挡齿轮就位于2挡齿轮中间锁环的凸耳上。

(25)检查换挡功能是否正确。

①将1挡和2挡同步器接合套挂入1挡。

②将1挡和2挡同步器接合套挂入2挡。

③将1挡和2挡同步器接合套挂入空挡。

(26)使用DT-625安装工具将3挡齿轮压装到主轴上。

注意:3挡齿轮的凸纹应朝上;检查齿轮是否正确。3挡、4挡、5挡、6挡齿轮看起来相似。

(27)安装3挡和4挡齿轮隔片。

(28)使用DT-625安装工具将4挡齿轮压装到主轴上。

注意:4挡齿轮的凸纹朝下;检查齿轮是否正确。3挡、4挡、5挡、6挡齿轮看起来相似。

(29)使用DT-514安装工具将5挡齿轮压装到主轴上。

注意:5挡齿轮的凸纹朝上;检查齿轮是否正确。3挡、4挡、5挡、6挡齿轮看起来相似。

(30)安装5挡和6挡齿轮隔片。

(31)使用DT-46759-01套筒将6挡齿轮压装到主轴上。

注意:6挡齿轮的凸纹(箭头)朝下;检查齿轮是否正确。3挡、4挡、5挡、6挡齿轮看起来类似。

任务工单

<table>
<tr><td>工作任务</td><td colspan="7">手动变速器的拆检</td></tr>
<tr><td>姓名</td><td></td><td>学号</td><td></td><td>班级</td><td></td><td>日期</td><td></td></tr>
<tr><td colspan="8">车辆信息</td></tr>
<tr><td>车型</td><td colspan="2"></td><td>生产年份</td><td colspan="2"></td><td>制造厂</td><td></td></tr>
<tr><td>VIN码</td><td colspan="3"></td><td>发动机型号</td><td colspan="3"></td></tr>
<tr><td colspan="8">轴承有无剥落、松动:________________
各弹簧、卡簧是否损坏或变形:________________
检查同步器套是否损坏:________________
锁环内表面凹槽有无磨损:________________
同步器锁环内表面有无擦伤或机械损坏:________________
同步器锁环间隙的检查:________________
检查接合套与花键毂滑动是否顺畅:________________
检查轴的花键是否损坏或缺损:________________
检查轴齿轮的齿面、齿锥部是否磨损或损坏:________________
检查各齿轮齿数和传动比:________________</td></tr>
<tr><td colspan="8">情感面(作业安全、职业操守)</td></tr>
<tr><td colspan="4">操作点(共15分)</td><td colspan="2">学生评价总结</td><td colspan="2">教师评估</td></tr>
<tr><td colspan="4">1.能进行工位“6S”操作(共3分)
□1.1 整理、整顿(1分)
□1.2 清理、清洁(1分)
□1.3 素养、安全(1分)</td><td colspan="2"></td><td colspan="2"></td></tr>
</table>

续表

2. 能进行设备器材的安全检查（共2分） □2.1 检查作业所需要的工具和设备是否完备（1分） □2.2 检查变速器的情况是否正常（1分） 3. 能进行车辆安全防护操作（共3分） □3.1 正确保护零件表面不被擦伤（1分） □3.2 正确放置各元件（1分） □3.3 正确用抹布做零件清洁（1分） □4. 能穿戴好防护装备（共1分） 5. 能进行工量具清洁、校准、存放操作（共3分） □5.1 使用前对工量具进行校准（1分） □5.2 使用后对工量具进行清洁（1分） □5.3 作业完成后对工量具进行复位（1分） 6. 能进行“三不落地”操作（共3分） □6.1 作业过程做到零件不落地（1分） □6.2 作业过程做到油液不落地（1分） □6.3 作业过程做到工具不落地（1分）		
技能面（应用技能、操作技能）		
操作点（共18分）	学生评价总结	教师评估
□1. 能按正确步骤拆装手动变速器（共6分） □2. 能正确对变速器输入轴和主轴组件进行检修（共3分） □3. 能正确对同步器零件进行检修（共3分） □4. 能正确对接合套和花键毂进行检修（共3分） □5. 能正确对变速器轴的进行检查（共3分）		
作业面（保养、拆装、维修、诊断作业）		
操作点（共47分）	学生评价总结	教师评估
1. 拆卸情况（共12分） □1.1 用轴承拆卸工具，拆下输入轴（4分） □1.2 拆卸输入轴和主轴组件（4分） □1.3 输入轴和主轴的解体（4分） 2. 变速器输入轴和主轴组件检修（共6分） □2.1 检查齿轮有无剥落、斑点（2分） □2.2 轴承有无剥落、松动（2分） □2.3 各弹簧、卡簧是否损坏或变形（2分）		

续表

3. 同步器零件检修(共9分) □3.1 检查同步器套是否损坏(2分) □3.2 锁环内表面凹槽有无磨损(2分) □3.3 同步器锁环内表面有无擦伤或机械损坏(2分) □3.4 同步器锁环间隙的检查(3分) 4. 接合套和花键毂的检修(共4分) □4.1 接合套和花键毂有无擦伤或机械损坏(2分) □4.2 检查接合套与花键毂滑动是否顺畅(2分) 5. 变速器轴的检查(共4分) □5.1 检查轴的花键是否损坏或缺损(2分) □5.2 检查轴齿轮的齿面、齿锥部是否磨损或损坏(2分) 6. 装配情况(共12分) □1.1 输入轴和主轴的装配(4分) □1.2 装配输入轴和主轴组件(4分) □1.3 用轴承安装工具安装输入轴(4分)		
信息面(信息录入、检索、应用)		
操作点(共10分)	学生评价总结	教师评估
□1. 能正确使用维修手册查询资料(共3分) □2. 能在规定时间内查询所需资料(共3分) □3. 能正确记录所需信息(共4分)		
工具及设备使用能力		
操作点(共10分)	学生评价总结	教师评估
□1. 能正确选用维修工具(共2分) □2. 能正确使用套筒扳手工具(共2分) □3. 能正确使用维修工具拆装(共2分) □4. 能正确更换接合套(共2分) □5. 操作步骤正确规范(共2分)		

任务8 盘式车轮制动器的检修

工作任务	盘式车轮制动器的检修	教学方法	任务驱动法
建议学时	4	教学地点	理实一体化实训室
教学目标	1.能够正确进行盘式制动器的拆装。 2.能够掌握检查、修理各零部件的基本方法。 3.培养“6S”理念,养成严谨的工作作风。		
设备器材	实训车辆,举升机,磁性表座,百分表,千分尺,扭力扳手,常用工具箱,车辆防护装备,干净棉布,手套,工作手册式教材等。		
任务引入	小王的爱车在长期使用后,有时会出现制动不灵敏的现象,经维修技师检查发现,制动蹄片磨损严重,需更换。那我们应该如何检查及更换制动器呢? 		

知识储备

一、制动器

1.制动器的功用

制动器的作用是在制动系统中用以产生阻碍车辆运动或运动趋势的力,即直接产生制动作用。

扫码看微课

盘式制动器的结构原理

2.制动器的分类

(1)鼓式制动器:旋转元件为制动鼓。

①内张型:制动鼓以其内圆柱面为工作表面,在汽车上广泛应用。分为轮缸式制动器(领从蹄式制动器、双领蹄式制动器、双从蹄式制动器、自增力式制动器)、凸轮式制动器和楔式制动器。

②外束型:后者制动鼓的工作表面则是外圆柱面,目前只有少数汽车应用。

(2)盘式制动器:旋转元件为制动盘。

盘式制动器摩擦副中的旋转元件是以端面工作的金属圆盘,被称为制动盘。

①钳盘式制动器。

制动时,油液压入轮缸内,活塞在液压作用下压紧制动盘,产生摩擦力矩而制动,放松时,活塞和制动块依靠密封圈的弹力和弹簧回拉。

②定钳盘式制动器。

制动钳固定在车桥上，不能转动也不能移动。钳体内有左右两个轮缸，内有活塞，外有制动摩擦块，制动盘与轮毂相连。

③浮钳盘式制动器。

制动钳是浮动的，需要一个导向销，而且轮缸活塞只有单面。

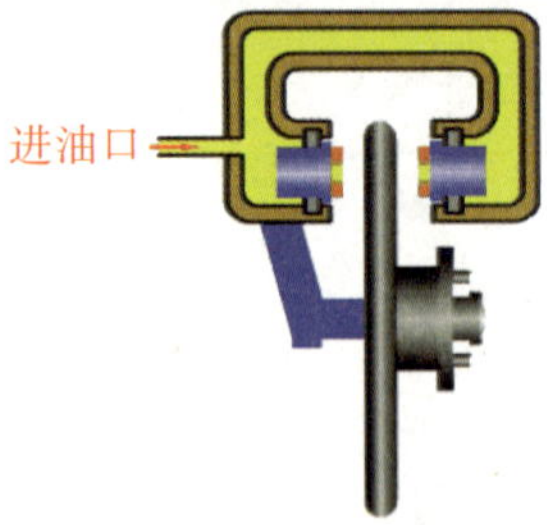

定钳盘式制动器

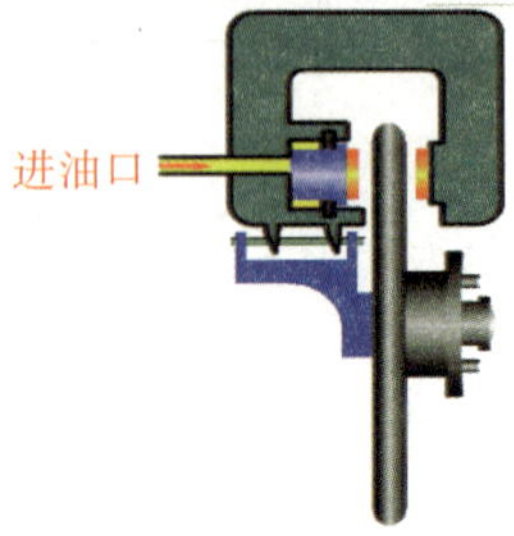

浮钳盘式制动器

④全盘式制动器。

重型和超重型汽车一般要求有更大的制动力，为此它们通常采用全盘式制动器；其固定元件和旋转元件都是圆盘型。

二、知识巩固

1. 写出下列盘式制动器总成各元件名称，并在实训车辆中找出来。

（1）________；（2）________；（3）________。

（1）

（2）

（3）

2. 盘式制动器的工作原理是：

________________________________。

3. 制动器的分类有________、________。

任务实施

扫码看微课

检查与更换制动块操作微视频

一、实施前的准备工作

1. 常规准备工作：卫生清扫、场地安全确认、人数清点、安全教育等。

2. 检查工量具。

3. 拆卸注意事项。

(1)首先熟悉各个部件的组成。

(2)注意在拆卸过程中的拆卸顺序。

(3)工具、量具及设备要合理规范使用。

4. 操作者穿戴好实训工装。

5. 进行车辆安全防护操作。

6. 举升车辆，拆卸车轮。

二、盘式制动器的检修

1. 盘式制动器的拆卸

(1)检查制动主缸储液罐中的液位，应在最高液位和最低液位之间的中间位置。如果多了，应将制动液排出至中间位置。

(2)举升和顶起车辆。

(3)拆下轮胎和车轮总成。

(4)用扳手拆卸制动钳导销螺栓。

(5)向上翻动制动钳，并用粗钢丝固定制动钳。

(6)拆下制动片。

(7)使用商用制动钳活塞收缩车间工具将盘式制动器制动钳活塞推入制动钳孔中。

(8)将制动片固定弹簧从制动钳托架上拆下。

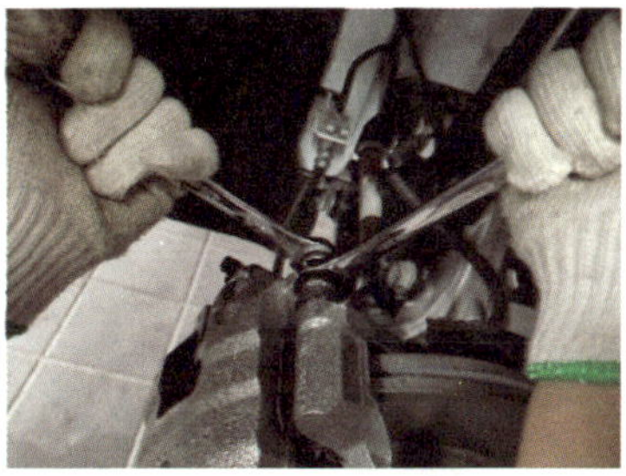
拆卸制动钳导销螺栓

粗钢丝固定制动钳

将盘式制动器制动钳活塞推入制动钳孔中

2. **盘式制动器的检查**

(1)彻底清理制动钳托架上的制动片构件接合处的所有碎屑和腐蚀。

(2)检查旧摩擦片。

①检查旧摩擦片有无锈蚀或损坏。

②检查旧摩擦片的厚度(采用游标卡尺)。

③检查旧摩擦片平面度。

(3)检查制动盘的厚度和端面跳动。

(4)检查制动钳有无破损。

(5)检查制动钳导销是否自由移动,并检查导销护套的状况。

测量旧摩擦片厚度

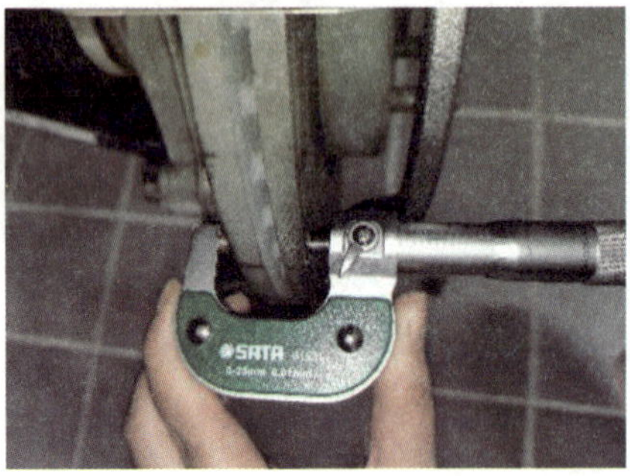

测量制动盘的厚度

检查制动盘端面跳动

3. **盘式制动器的安装**

盘式制动器的安装

(1)确保制动片构件接合面处清洁。

(2)将制动片固定弹簧安装至制动钳托架上。在制动片固定件上,涂抹一薄层高温硅润滑剂。

(3)将制动片安装至制动钳托架。

注:装配磨损传感器的盘式制动片必须安装至制动盘内侧的上部位置。

(4)拆下支架并将制动钳转动到位,超过盘式制动片至制动钳安装托架。

(5)安装制动钳导销螺栓,并紧固至36 N·m。

(6)安装轮胎和车轮总成。

(7)降下车辆。

(8)关闭发动机,逐渐踩下制动踏板至其行程约2/3处,缓慢地松开制动踏板。

(9)等待15秒钟,然后再次逐渐踩下制动踏板至其行程约2/3处直到制动踏板踩着坚实。

注意:务必使制动钳活塞和制动片正确就位。

(10)检查制动主缸储液罐中的液位,将制动主缸储液罐的液位加注到最高位置。

任务工单

<table>
<tr><td>工作任务</td><td colspan="7">盘式制动器的检修</td></tr>
<tr><td>姓名</td><td></td><td>学号</td><td></td><td>班级</td><td></td><td>日期</td><td></td></tr>
<tr><td colspan="8">车辆信息</td></tr>
<tr><td>车型</td><td colspan="2"></td><td>生产车牌</td><td colspan="2"></td><td>制造厂</td><td></td></tr>
<tr><td>VIN 码</td><td colspan="3"></td><td>行驶里程</td><td colspan="3"></td></tr>
<tr><td colspan="8">旧摩擦片垫片有无锈蚀和损坏:__________________
旧摩擦片的厚度:__________________
旧摩擦块平面度:__________________
制动盘的厚度:__________________</td></tr>
<tr><td colspan="8">制动钳有无磨损、破损:__________________
导向螺栓有无卡滞现象:__________________
制动钳安装支架是否松动:__________________
制动钳安装螺栓是否损坏:__________________
导向柱防尘罩是否开裂或损坏:__________________</td></tr>
<tr><td colspan="8">情感面(作业安全、职业操守)</td></tr>
<tr><td colspan="4">操作点(共15分)</td><td colspan="2">学生评价总结</td><td colspan="2">教师评估</td></tr>
<tr><td colspan="4">1. 能进行工位“6S”操作(共3分)
□1.1 整理、整顿(1分)
□1.2 清理、清洁(1分)
□1.3 素养、安全(1分)
2. 能进行设备器材的安全检查(共3分)
□2.1 检查作业所需要的工具和设备是否完备(1.5分)
□2.2 检查举升机的举升情况是否正常(1.5分)
3. 能进行车辆安全防护操作(共3分)
□3.1 正确安装车辆翼子板布(1分)
□3.2 正确安装车内三件套(1分)
□3.3 正确安装车轮挡块(1分)
□3.4 能穿戴好防护装备(共1分)
4. 能进行工量具清洁、校准、存放操作(共3分)
□4.1 使用前对工量具进行校准(1分)
□4.2 使用后对工量具进行清洁(1分)
□4.3 作业完成后对工量具进行复位(1分)
5. 能进行“三不落地”操作(共3分)
□5.1 作业过程做到油液不落地(1分)
□5.2 作业过程做到零件不落地(1分)
□5.3 作业过程做到工具不落地(1分)</td><td colspan="2"></td><td colspan="2"></td></tr>
</table>

续表

技能面(应用技能、操作技能)		
操作点(共19分)	学生评价总结	教师评估
□1. 能正确按照流程拆卸盘式车轮制动器(共6分) □2. 能正确使用工具检查摩擦片的厚度(共2分) □3. 能正确使用工具检查制动盘的厚度、端面跳动(共2分) □4. 能正确检查摩擦块、制动盘、制动钳以及导向螺栓是否正常(共3分) □5. 能正确按照流程安装盘式车轮制动器(共6分)		
作业面(保养、拆装、维修、诊断作业)		
操作点(共46分)	学生评价总结	教师评估
盘式车轮制动器的检修(共46分) 1. 拆装盘式制动器(共9分) □1.1 检查设备、工具和量具是否齐备和完好(1分) □1.2 检查换挡杆是否处于空挡位置,驻车制动杆是否拉起(1分) □1.3 拆下车轮轮胎及制动钳导向螺栓(5分) □1.4 拆下旧摩擦片(2分) 2. 检查摩擦块(共7分) □2.1 检查旧摩擦片垫片有无锈蚀和损坏(1分) □2.2 检查旧摩擦片的厚度(3分) □2.3 检查旧摩擦块平面度(3分) 3. 检查制动盘(共6分) □3.1 检查制动盘的厚度(3分) □3.2 检查制动盘的端面跳动(3分) 4. 检查制动钳(共4分) □4.1 检查制动钳有无破损(1分) □4.2 检查制动钳的磨损情况(3分) 5. 检查导向螺栓(共9分) □5.1 检查导向螺栓是否有卡滞现象(1分) □5.2 检查制动钳安装支架是否松动(1分) □5.3 检查制动钳安装螺栓是否损坏(1分) □5.4 检查导向柱防尘罩是否开裂或损坏(1分) □5.5 更换导向柱润滑脂,安装导向柱(5分) □6. 安装轮胎(共5分) □7. 按扭力要求扭紧车轮螺栓(共3分) □8. 车辆复位(共3分)		

续表

信息面(信息录入、检索、应用)		
操作点(共10分)	学生评价总结	教师评估
□1.能正确使用维修手册查询资料(共3分) □2.能在规定时间内查询所需资料(共3分) □3.能正确记录所需信息(共4分)		
工具及设备使用能力		
操作点(共10分)	学生评价总结	教师评估
□1.能正确选用维修工具(共2分) □2.能正确使用套筒扳手工具(共2分) □3.能正确使用维修工具拆装(共2分) □4.能正确对游标卡尺进行识读(共2分) □5.能正确使用举升机(共2分)		

任务9 减振器的拆装

工作任务	减振器的拆装	教学方法	任务驱动法
建议学时	2	教学地点	理实一体化实训室
教学目标	1.能够按照正确的操作流程更换减振器。 2.能够主动获取信息，熟悉汽车使用情况，培养与他人有效沟通的能力和服务意识。 3.培养绿色、开放的发展观念。		
设备器材	别克威朗1辆，举升机，举升架，减振弹簧拆装器，减振器拆装套筒，20活动扳手，17梅花扳手，19叉子扳手，17、19套筒，套筒加力杆，7内六角扳手，钳子，螺丝刀等。		
任务引入	汽车的减振器是消耗品，时间久了减振效果就会越来越差。小王的爱车又该更换减振器了，找个路边小店也可以解决，但这些小店常拿假货充正品，结果就是更换时间不长又坏了。进“4S”店？车又老又旧不值几个钱，小王决定自己动手。该如何操作呢？ 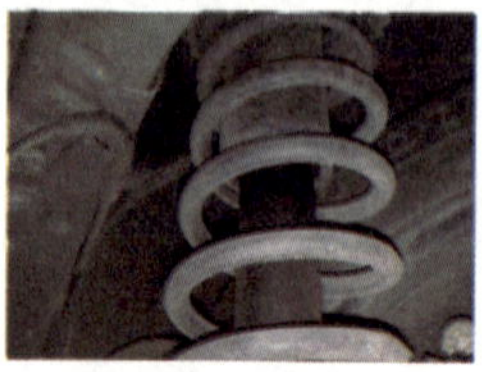		

知识储备

一、悬架的作用

悬架

悬架是汽车的车身（或车架）与车轮（或车桥）之间的一切传力链接装置总称，悬架具体作用有哪些？

1.悬架的安装位置，图中采用的是独立悬架，请找出减振器位置。

2.无论是独立悬架还是非独立悬架，其作用都有以下几点：

（1）链接________和车轮，把路面作用于车轮上的垂直反力、纵向力和侧反向力以及这些反力所造成的力矩传递到车架上，保证汽车正常行驶，即起传力作用。

（2）利用弹性元件和减振器起到缓冲作用，改善乘坐________性。

（3）利用悬架的某些传力构件使车轮按一定轨迹相对于车架或车身跳动，即起导向作用。

（4）利用悬架中的辅助弹性元件横向稳定器，防止车身在转向等行驶情况下发生过大的侧向倾斜。

扫码看微课

悬架的结构原理

二、悬架的组成

悬架主要由弹性元件、________和导向装置三大装置组成。

任务实施

一、实施前的准备工作

1. 常规准备工作：卫生清扫、场地安全确认、人数清点等。

2. 别克威朗1辆，举升机，举升架，减振弹簧拆装器，减振器拆装套筒，20活动扳手，17梅花扳手，19叉子扳手，17、19套筒，套筒加力杆，7内六角扳手，钳子，螺丝刀等。

3. 操作者穿戴好防护装备。

4. 进行车辆安全防护操作。

扫码看微课

减振器外观检查微视频

二、减振器的拆装

1. 减振器的拆卸

(1)做好准备工作，拆下轮胎和车轮。

(2)在靠近减振器的位置，用千斤顶支撑后桥。

(3)拆下并报废两个减振器螺栓。

(4)取下减振器。

取下减振器

2. 减振器的装配

(1)逆向进行前述操作，装上后减振器。

(2)安装两个后减振器螺栓紧固至22 N·m。

(3)安装后减振器螺栓，不要紧固。

(4)安装轮胎及车轮。

(5)降下车辆紧固后减振器螺栓至100 N·m。

(6)更换全部完成后，需做四轮定位。

注意：安装前，应涂抹润滑油脂。

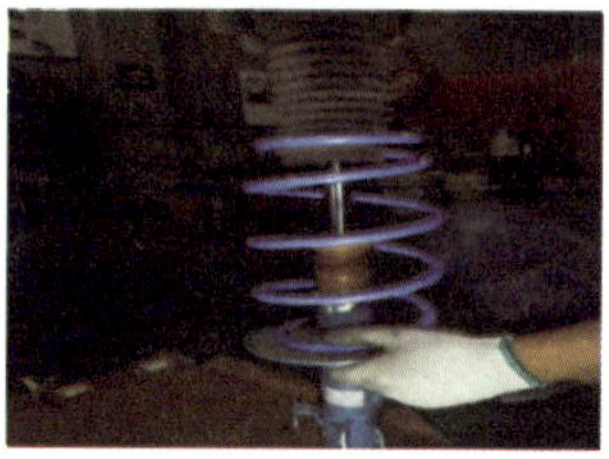

减振器的装配

任务工单

<table>
<tr><td>工作任务</td><td colspan="7">减振器的拆装</td></tr>
<tr><td>姓名</td><td></td><td>学号</td><td></td><td>班级</td><td></td><td>日期</td><td></td></tr>
<tr><td colspan="8">车辆信息</td></tr>
<tr><td>车型</td><td colspan="2"></td><td>生产年份</td><td></td><td>制造厂</td><td colspan="2"></td></tr>
<tr><td>VIN码</td><td colspan="3"></td><td>发动机型号</td><td colspan="3"></td></tr>
<tr><td colspan="8">减振器是否漏油：__________ 本次换油里程：__________
减振器型号：__________</td></tr>
<tr><td colspan="8">情感面（作业安全、职业操守）</td></tr>
<tr><td colspan="4">操作点（共15分）</td><td colspan="2">学生评价总结</td><td colspan="2">教师评估</td></tr>
<tr><td colspan="4">1. 能进行工位“6S”操作（共3分）
□1.1 整理、整顿（1分）
□1.2 清理、清洁（1分）
□1.3 素养、安全（1分）
2. 能进行设备器材的安全检查（共2分）
□2.1 检查作业所需要的工具和设备是否完备（1分）
□2.2 检查举升机的举升情况是否正常（1分）
3. 能进行车辆安全防护操作（共3分）
□3.1 正确安装车辆翼子板布（1分）
□3.2 正确安装车内三件套（1分）
□3.3 正确安装车轮挡块（1分）
□4. 能穿戴好防护装备（共1分）
5. 能进行工量具清洁、校准、存放操作（共3分）
□5.1 使用前对工量具进行校准（1分）
□5.2 使用后对工量具进行清洁（1分）
□5.3 作业完成后对工量具进行复位（1分）
6. 能进行“三不落地”操作（共3分）
□6.1 作业过程做到油液不落地（1分）
□6.2 作业过程做到水液不落地（1分）
□6.3 作业过程做到工具不落地（1分）</td><td colspan="2"></td><td colspan="2"></td></tr>
<tr><td colspan="8">技能面（应用技能、操作技能）</td></tr>
<tr><td colspan="4">操作点（共25分）</td><td colspan="2">学生评价总结</td><td colspan="2">教师评估</td></tr>
<tr><td colspan="4">1. 检查漏油情况（共11分）
□1.1 调整好车辆位置（3分）
□1.2 车辆举升锁止（3分）
□1.3 拆卸轮胎（松动螺栓的方式及顺序、螺栓的摆放、轮胎的摆放）（5分）</td><td colspan="2"></td><td colspan="2"></td></tr>
</table>

续表

2. 检查机油泄漏情况(共14分) □2.1 拆卸转向节连接螺栓及附属零部件(松动螺栓的方式及摆放)(4分) □2.2 拆卸减振器上端螺栓(松动螺栓的方式)(4分) □2.3 检测减振器工作情况(应有较大阻力,全程阻力大小均匀)(3分) □2.4 检测减振器是否漏油,若严重漏油,则必须更换(3分)		
作业面(保养作业)		
操作点(共30分)	学生评价总结	教师评估
□1 安装好减振器拧好上端螺栓(最少拧两次、力矩10 N·m)(共7分) □2. 安装好转向节及附属零部件(拧紧力矩70 N·m)(共7分) □3. 安装好轮胎(螺栓拧紧方式及顺序、拧紧力矩为105 N·m)(共7分) □4. 检查减振器安装情况(共7分) □5. 落下车辆(共2分)		
信息面(信息录入、检索、应用)		
操作点(共20分)	学生评价总结	教师评估
□1. 能正确使用维修手册查询资料(共5分) □2. 能正确查询减振更换条件(共5分) □3. 能在规定时间内查询所需资料(共5分) □4. 能正确记录所需信息(共5分)		
工具及设备使用能力		
操作点(共10分)	学生评价总结	教师评估
□1. 能正确选用维修工具(共2分) □2. 能正确使用减振器拆装工具(共4分) □3. 能正确使用维修工具拆装减振器(共2分) □4. 能正确使用举升机(共2分)		

任务10　起动机的检修

工作任务	起动机的检修	教学方法	任务驱动法
建议学时	6	教学地点	理实一体化实训室
教学目标	1. 会描述起动机的作用、特性和检查方法。 2. 能正确选用工量具对起动机进行检修。 3. 培养“6S”理念，养成严谨认真的工作作风。		
设备器材	起动机6台，万用表6个，游标卡尺6把，磁力表座，V型块6套，维修工具6套。		
任务引入	汽车维修店接收到一辆故障车，该车点火开关接通后，充电系统正常，但起动机没有响应，经检查为起动机损坏。如果你遇到这种情况，应该如何对起动机进行检修与更换呢？ 		

知识储备

一、基础知识

起动机俗称“马达”，总体上是由直流电动机、传动机构和控制装置三大部分组成。

扫码看微课

起动机的结构原理

1. 直流电动机的作用

将蓄电池输入的电能转换为机械能，产生电磁转矩。

2. 传动机构的作用

起动时，利用驱动齿轮啮入发动机飞轮齿圈，将起动机转矩传给曲轴；起动后，应及时切断曲轴与反拖电动机之间的动力传递，防止曲轴反拖。

3. 控制装置的作用

接通或切断起动机与蓄电池之间的主电路，并使驱动小齿轮进入或退出啮合。有些起动机控制装置还有副开关，能在起动时让点火线圈短路以此附加电阻，以增大起动时的点火能量。

二、知识巩固

1. 直流电动机按励磁方式分为永磁、_________和_________3类，其中自励又分为_________、_________和_________3种。

2.起动机起动时间不超过________s,若第一次不能起动,应停歇________再进行第二次起动。

3.起动机一般由________、________、________三大部分组成。

4.常见的起动机单向离合器主要有________、________、________三种形式。

5.起动机操纵机构也叫“控制机构”,其作用是________________________________。

6.起动机在装复时,应检查调整的项目有________间隙、________与________间隙。

7.常见的起动机的减速机构有________、________、________三种。

8.起动机的转速特性是指________________。

9.起动控制电路的主要功能是________、________、________。

10.直流电动机按励磁方式有________和________两大类。

11.起动机的作用是什么?

12.起动机由哪几部分组成?每部分的作用是什么?

13.在做起动机碳刷检查时,有何具体要求?

14.汽车发动机对起动机传动机构有哪些要求?

15.影响起动机功率的使用因素有哪些?

16.起动机的调整有哪些内容?

17.起动机起动运转无力的原因有哪些?

任务实施

一、实施前的准备工作

1. 常规准备工作：卫生清扫、场地安全确认、人数清点等。

2. 起动机6台、万用表6个、游标卡尺6把、磁力表座、V型块6套、维修工具6套。

3. 操作者穿戴好防护装备(防护服、防护手套)。

二、起动机的检修

扫码看微课

检查起动机

微视频

1. 起动机的拆卸及分解

(1)做好准备工作和防护工作。

(2)断开蓄电池负极电缆。

(3)举升和顶起汽车。

(4)断开起动机线束插头2。

(5)拆下发电机和起动机电缆起动导线螺母3。

(6)拆下发电机和起动机电缆4。

(7)拆下起动机搭铁电缆螺栓1。

(8)移除起动机搭铁电缆5。

(9)松开线束固定件。

(10)拆下2个起动机托架螺栓。

(11)拆下起动机托架。

(12)移除起动机螺栓,拆下起动机螺母取出起动机。

(13)拆下磁极框架和电枢。

(14)拆下起动机壳体、离合器总成和齿轮。

(15)拆下电刷座。

(16)从磁极框架上取下电枢。

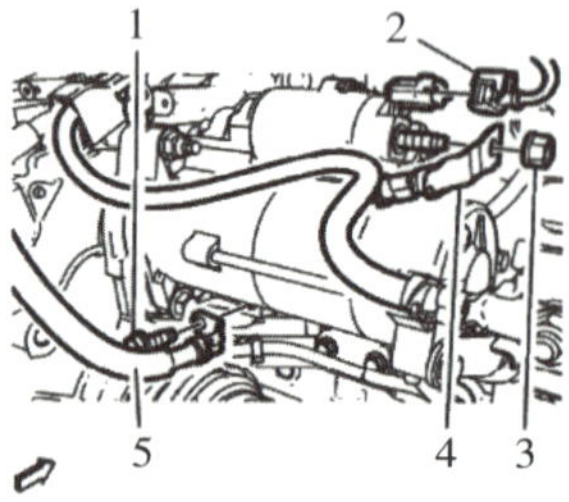

1—搭铁电缆螺栓;2—线束插头;3—导线螺母;4—发电机和起动机电缆;5—搭铁电缆

起动机零部件示意图

起动机拆解

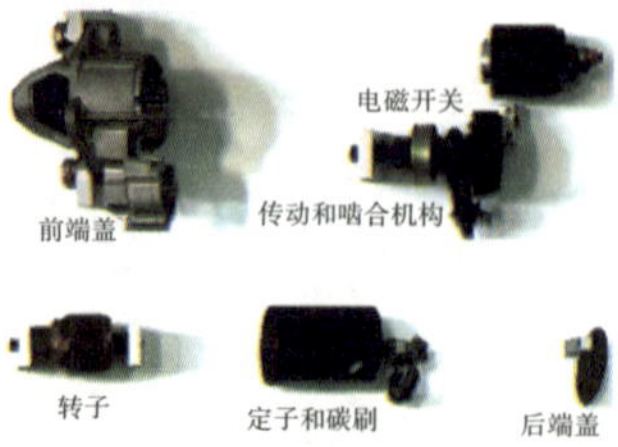

起动机拆解部件名称

2. 起动机的检测

(1)用万用表检查换向器各离合片间应导通(电阻近似为0),否则应予以更换电枢。

(2)用万用表检查换向器和电枢线圈铁芯之间应不导通(电阻为无穷大),否则应更换电枢。

(3)检查换向器是否有脏污或烧毁。如表面有脏污或烧毁,用砂纸修磨或在车床加工时校正。

(4)检查换向器的径向摆差。将转子放在V型块上,用百分表测量径向摆差。最大径向摆差应小于0.05 mm,如果径向摆差超过标准值,须在车床上加工校正。

(5)检查换向器凹槽深度h,最小凹槽深度应大于0.1 mm,

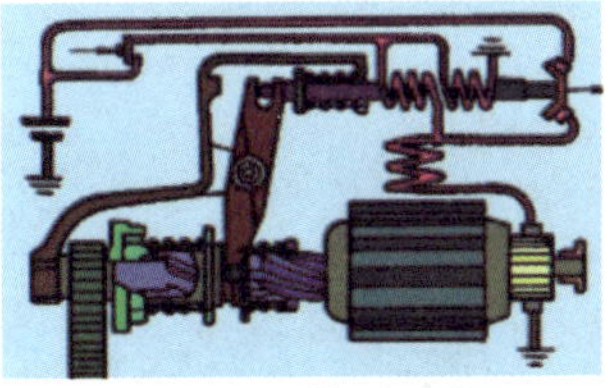
起动机工作原理图

起动机检测

起动机分解检测

转子线圈检测

操纵机构及电源检测

否则应用锯片把凹槽锯至标准深度。

(6)用万用表检查磁场正极端引线与电刷之间或两个电刷之间应导通(电阻近似为0),否则应更换磁极框架。

(7)用万用表检查磁场电刷与磁极框架之间或磁场正极端引线与磁极框架之间应不导通(电阻为无穷大),否则应更换磁极框架。

(8)检查电刷长度,最小应大于10 mm,否则应更换电刷。

(9)用万用表检查电刷座正(+)、负(-)极之间应不导通(电阻为无穷大),否则应更换电刷座。

(10)起动机电磁开关上有3个接线柱,B端子为蓄电池接线柱,M端子为磁场线圈正极端子引线接线柱,S端子为点火开关接线柱。从M端子上拆下磁场线圈正极端引线后,用万用表检查S端子与电磁开关壳体之间应导通(保持线圈电阻近似为0),即检查电磁开关,保持线圈不应断路。否则应更换电磁开关。

(11)从M端子上拆下磁场线圈正极端引线后,用万用表检查S端子与M端子之间应导通(吸拉线圈电阻近似为0),也就是检查电磁开关吸拉线圈不应断路,否则应更换电磁开关。

(12)检查小齿轮及单向离合器。在确保小齿轮无损坏的情况下,握住单向离合器的外座圈,转动小齿轮,正常情况下是往一个方向自由转动,往另一个方向则锁住,否则就是单向离合器有故障,须更换离合器。

(13)检查轴承不应有磨损、松动的现象,否则应更换轴承。

3.**起动机的装配与调试**

(1)将电枢装入磁极框架,安装电刷座。

(2)安装起动机壳体、离合器总成和齿轮。

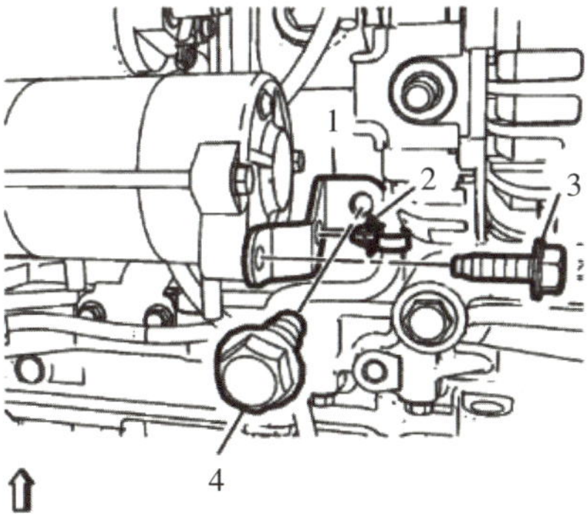

1—起动机托架;
2—线束固定件;
3、4—起动机托架螺栓

起动机结构

(3)安装磁极框架和电枢总成。

起动机装配

(4)安装起动机,分别紧固起动机螺母和起动机螺栓至58 N·m。

(5)安装起动机托架1,安装起动机托架螺栓3并紧固至22 N·m。

(6)安装起动机托架螺栓4并紧固至58 N·m。

(7)卡紧线束固定件2。

(8)安装起动机搭铁电缆。

(9)安装起动机搭铁电缆螺栓并紧固至22 N·m。

(10)安装发电机和起动机电缆。

(11)安装发电机和起动机电缆起动导线螺并紧固至12.5 N·m。

起动机测试

(12)连接起动机线束插头。

(13)降下车辆。

(14)连接蓄电池负极电缆。

(15)测试起动机的性能。

①吸拉线圈作用的测试。从M端子上拆下磁场线圈正极端引线后,用蓄电池正极连接到S端子和负极连接到M端子时,齿轮被移出,则表示吸拉线圈正常。如果齿轮不移出,则须更换电磁开关。

注意:测试必须在10秒内完成,以免电磁开关线圈被烧坏。

②保持线圈作用的测试。将蓄电池正极连接到S端子,负极接起动机本体(搭铁),用手将齿轮拉出,直到接触到齿轮止动环为止。当手松动时,如果齿轮不退回原位,则表示保持线圈作用正常。

注意:测试必须在10秒内完成,以免电磁开关线圈烧坏。

③空载测试。接通起动机电路后起动机应运转平稳、电刷下无火花。记下电流表、电压表的读数,其值应符合标准值,并用转速表测量起动机的转速,转速低于标准值。若电流大于标准值,而转速低于标准值,表明起动机装配过紧或电枢线圈和磁场线圈内有短路和搭铁故障。若电流和转速都低于标准值,则表示起动机线路中有接触不良的地方(如电刷弹簧压力不足,换向器与电刷接触不良等)。

注意:每次测试不要超过1分钟,以免起动机过热。

任务工单

<table>
<tr><td>工作任务</td><td colspan="7">起动机的检修</td></tr>
<tr><td>姓名</td><td></td><td>学号</td><td></td><td>班级</td><td></td><td>日期</td><td></td></tr>
<tr><td colspan="8">车辆信息</td></tr>
<tr><td>车型</td><td></td><td>生产年份</td><td></td><td>制造厂</td><td></td></tr>
<tr><td>VIN码</td><td></td><td>发动机型号</td><td></td></tr>
<tr><td colspan="8">起动机型号：__________________
起动机拆解扭矩：__________________</td></tr>
<tr><td colspan="8">情感面(作业安全、职业操守)</td></tr>
<tr><td colspan="4">操作点(共16分)</td><td colspan="2">学生评价总结</td><td colspan="2">教师评估</td></tr>
<tr><td colspan="4">1.能进行工位“6S”操作(共3分)
□1.1 整理、整顿(1分)
□1.2 清理、清洁(1分)
□1.3 素养、安全(1分)
2.能进行设备器材的安全检查(共2分)
□2.1 检查作业所需要的工具和设备是否完备(1分)
□2.2 检查举升机的举升情况是否正常(1分)
3.能进行车辆安全防护操作(共3分)
□3.1 正确安装车辆翼子板布(1分)
□3.2 正确安装车内三件套(1分)
□3.3 正确安装车轮挡块(1分)
4.能穿戴好防护装备(共3分)
□4.1 防护服(1分)
□4.2 护目镜(1分)
□4.3 防护手套(1分)
5.能进行工量具清洁、校准、存放操作(共2分)
□5.1 使用后对工量具进行清洁(1分)
□5.2 作业完成后对工量具进行复位(1分)
6.能进行“三不落地”操作(共3分)
□6.1 作业过程做到油液不落地(1分)
□6.2 作业过程做到零件不落地(1分)
□6.3 作业过程做到工具不落地(1分)</td><td colspan="2"></td><td colspan="2"></td></tr>
</table>

续表

技能面(应用技能、操作技能)		
操作点(共26分)	学生评价总结	教师评估
1.检查起动机机械部分安装情况(共6分) □1.1 检查限位螺钉的安装情况(3分) □1.2 正确拆装限位螺钉(3分) 2.拆卸起动机(共14分) □2.1 首先拆下起动机与电磁开关的紧固螺母,将接线柱连接线取下(2分) □2.2 用冲击起子拧下电磁开关与起动机外壳的紧固螺钉(2分) □2.3 取下电磁开关及电磁开关的活动铁芯(2分) □2.4 拆下起动机后端盖与电刷架的紧固螺钉及外壳的连接紧固螺栓(2分) □2.5 用锤敲出后端盖,并将其取下(2分) □2.6 取下电刷架、定子、电枢与起动机外壳(2分) □2.7 取下行星轮、防尘胶与止推垫片,取出单向离合器总成(2分) 3.起动机装配与检测(共6分) □3.1 按照拆卸的相反顺序装好起动机(3分) □3.2 运用相应的检测工具对起动机线路进行检测(3分)		
作业面(保养作业)		
操作点(共40分)	学生评价总结	教师评估
起动机检测(共40分) □1.搭铁检查(3分) □2.短路的检查(3分) □3.断路检查(3分) □4.修理(4分) □5.电枢绕组短路检查(3分) □6.电枢绕组断路检查(3分) □7.电枢绕组搭铁检查(3分) □8.换向器的检修(3分) □9.电刷与电刷架的检修(3分) □10.轴与轴承的检修(3分) □11.传动机构的检修(3分) □12.电磁开关的检修(3分) □13.前后端盖的检修(3分)		

续表

信息面(信息录入、检索、应用)		
操作点(共12分)	学生评价总结	教师评估
1.能正确使用维修手册查询资料(共5分) □1.1 查询起动机型号(3分) □1.2 查询起动机螺栓扭矩规格(2分) 2.能正确使用用户手册查询资料(共7分) □2.1 能掌握查询起动机检测方法(2分) □2.2 能在规定时间内查询所需资料(2分) □2.3 能正确记录所需信息(3分)		
工具及设备使用能力		
操作点(共6分)	学生评价总结	教师评估
□1. 能正确选用维修工具(2分) □2. 能正确使用螺栓拆除工具(2分) □3. 能选用正确的工具进行线路检测(2分)		

项目三　汽车故障诊断与排除

任务1　汽车前照灯近光不亮故障诊断与排除

工作任务	汽车前照灯近光不亮故障诊断与排除	教学方法	任务驱动法
建议学时	6	教学地点	理实一体化实训室
教学目标	1.能够按正确的操作规程进行故障诊断与排除； 2.能够根据维修手册和其他资料分析前照灯近光不亮的故障原因； 3.能正确使用常用工具和专用工具； 4.能在规定时间内诊断前照灯近光不亮故障，排除故障并验证排除结果； 5.培养“6S”理念，养成严谨的工作作风。		
设备器材	实训车1辆，举升机，维修资料，故障诊断仪，万用表，试电笔，保险丝，继电器，灯泡，绝缘胶布，防护装备，工作手册式教材，网络教学资源等。		
任务引入	汽修厂接到一辆前照灯近光不亮的别克轿车，故障现象：打开前照灯开关，发现左前照灯近光不亮，远光正常；右前照灯均正常。由于车主急需用车，要求立即修复。作为维修技工，应当根据维修手册，正确使用万用表、故障诊断仪。现根据故障现象，请你做出工作计划并进行信息采集，完成汽车前照灯近光灯不亮的故障诊断与排除。		

知识储备

一、前照灯

前照灯主要用于夜间行车时道路照明（安装在车头两侧，灯光为白色），一般包括远光灯、近光灯两种。

前照灯常见的配置方法有两灯制、四灯制。

1.对前照灯的要求

（1）前照灯的上缘距地面高度不大于1.2 m，外缘距车外侧不大于0.4 m。

（2）汽车的前照灯应有远光、近光变换装置，并且当远光变为近光时，所有远光应能同时熄灭。

(3)四灯制前照灯并排安装时，装于外侧的一对应为远光、近光双光束灯；装于内侧的一对应为远光单光束灯。

(4)夜间远光灯亮时，应能照清前方100 m远的道路；近光灯亮时，应能照清前方40 m远的道路并不得眩目。

2.前照灯的结构

扫码看微课

汽车灯具相关知识

(1)前照灯由反射镜、配光镜和灯泡三大部分组成。

(2)各组成部分的作用。

①反射镜的作用是将灯泡的光线聚合并导向前方。

②配光镜的作用是将反射镜反射出的平行光束进行折射。

③灯泡的作用是发光发热。

3.前照灯的防炫目装置

(1)采用远、近光束变换。远光灯灯丝装于呈旋转抛物面的反射镜的焦点处，近光灯灯丝装于反射镜焦点的上方或前上方。

(2)近光灯灯丝加装配光屏。

(3)采用不对称光形。

二、知识巩固

1.写出下列前照灯各元件名称，并在实训车辆中找出来。

(1)________________；　(2)________________；

(3)________________；　(4)________________；

(5)________________；　(6)________________。

(1)

(2)

(3)

(4)

(5)

(6)

2.汽车前照灯的作用就是(　　)。

A.用于夜间行车道路的照明

B.用于夜间照亮车牌

C.用于在雨雾天气行车时照明道路

3.汽车前照灯包括(　　)。

A.转向灯　　B.远、近光灯　　C.闪光灯

4.在下图中分析出前照灯近光电路的工作原理。

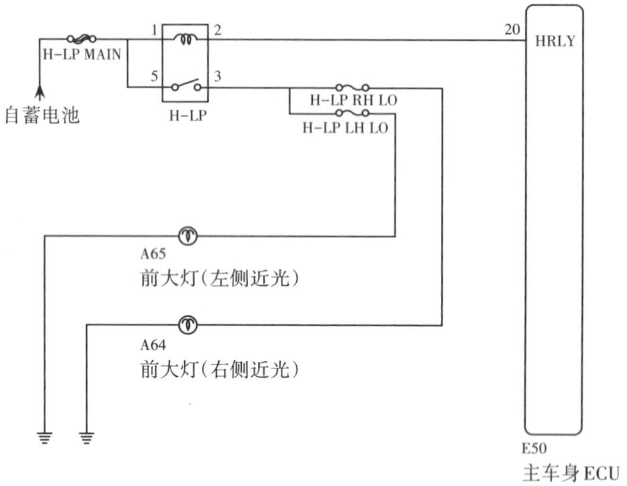

5.写出下图中灯泡的种类名称。

(　　)　　(　　)　　(　　)

6.判断下图灯泡是否正常?(　　)

下图中灯泡的型号是(　　)。

7.前照灯由反射镜、配光镜和灯泡三大部分组成。对吗?(　　)

8. 检测灯光系统需要使用以下哪种仪器?(   )

A

B

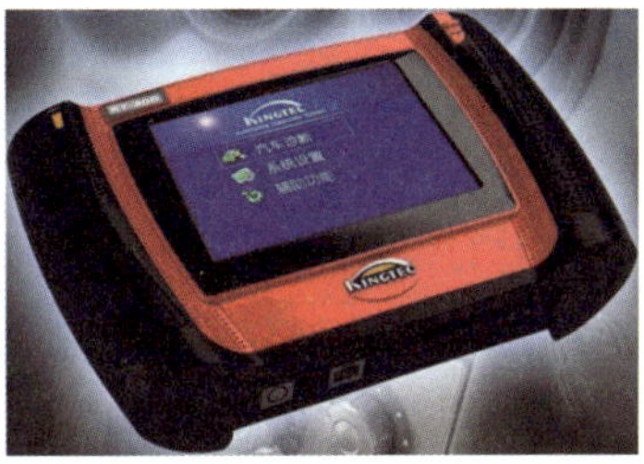

C

任务实施

一、实施前的准备工作

(1)常规准备工作:卫生清扫、场地安全确认、人数清点等。

(2)雪佛兰轿车1辆、举升机、维修资料。

(3)故障诊断仪、万用表、试电笔、保险丝、继电器、灯泡、绝缘胶布。

(4)操作者穿戴好防护装备(防护服、护目镜、防护手套)。

二、前照灯近光不亮故障诊断与排除

1. 前照灯近光不亮进行故障确认

(1)将点火开关置于 ON (IG) 位置。

(2)打开前照灯近光开关。

(3)观察左右大灯近光工作是否正常。

(4)如果只有一侧的一个近光前大灯灯泡没有亮起,首先检查此灯泡和与其连接的保险丝或线束是否正常。

(5)如果将灯控开关置于近光位置时,左右两侧的近光灯都没有亮起,首先检查近光主保险和继电器是否正常。

扫码看微课

汽车灯光的检查(动画仿真)

2. 检查保险丝 (H-LP MAIN)

(1)从发动机室继电器盒中拆下 H-LP MAIN 保险丝。

(2)根据表中的值测量电阻。

标准电阻

检测仪连接	条件	规定状态
H-LP MAIN	保险丝	始终小于1 Ω

检测结果

异常	更换保险丝
正常	检查发动机室继电器盒

3. 检查发动机室继电器盒

(1)从发动机室接线盒中拆下 H-LP LH LO 保险丝和 H-LP RH LO 保险丝。

(2)测量各保险丝加载槽与车身搭铁之间的电压。

标准电压

检测仪连接	条件	规定状态
H-LP LH LO 保险丝端子—车身搭铁	灯控开关 OFF → HEAD	低于 1 V → 11 ~ 14 V
H-LP RH LO 保险丝端子—车身搭铁	灯控开关 OFF → HEAD	低于 1 V → 11 ~ 14 V

检测结果

异常	检查前大灯继电器 (H-LP)
正常	维修或更换(保险丝— 车身搭铁)

4. **检查前大灯继电器** (H-LP)

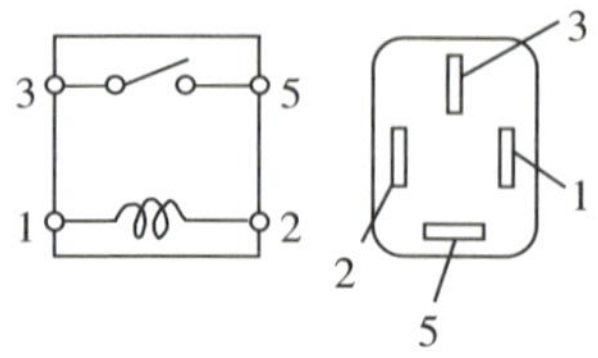

(1)从发动机室继电器盒上拆下前大灯继电器。

(2)根据下表中的值测量电阻。

标准电阻

检测仪连接	条件	规定状态
3—5	在端子 1 和 2 间未施加电压	10 kΩ 或更大
3—5	在端子 1 和 2 间施加电压	小于 1 Ω

结果

异常	更换前大灯继电器
正常	检查线束和连接器 (蓄电池 —前大灯继电器)

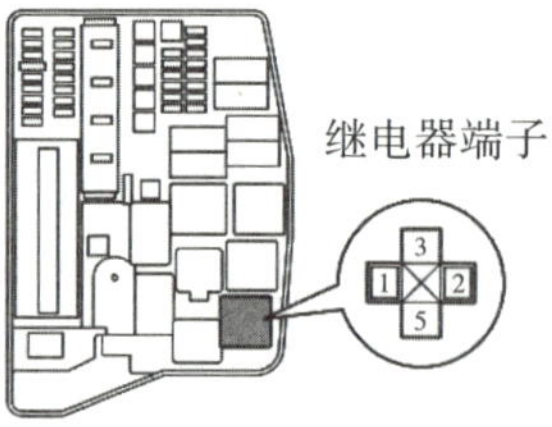

5. **检查线束和连接器 (蓄电池—前大灯继电器)**

根据下表中的值测量继电器盒侧的电压。

标准电压

检测仪连接	条件	规定状态
前大灯继电器端子 5—车身搭铁	始终	11~14 V
前大灯继电器端子 1—车身搭铁	始终	11~14 V

结果

异常	维修或更换线束或连接器
正常	检查线束和连接器（前大灯继电器—保险丝）

6.检查线束和连接器（前大灯继电器—保险丝）

根据下表中的值测量电阻。

标准电阻

检测仪连接	条件	规定状态
前大灯继电器端子 3—H-LP LH LO 保险丝端子	始终	小于 1 Ω
前大灯继电器端子 3—H-LP RH LO 保险丝端子	始终	小于 1 Ω

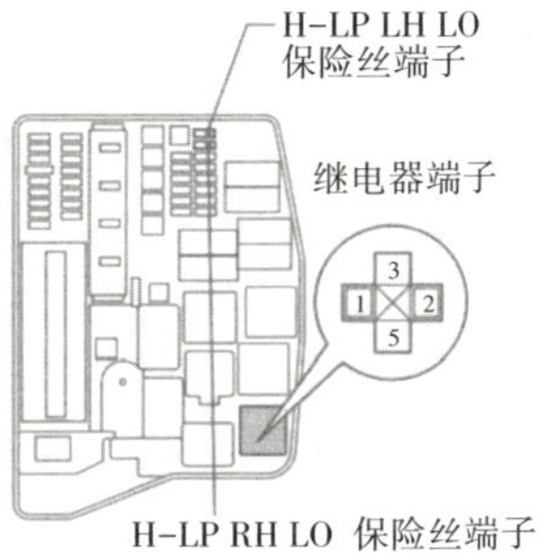

结果

异常	维修或更换线束或连接器
正常	检查线束和连接器（前大灯继电器—主车身 ECU）

7.检查线束和连接器（前大灯继电器—主车身 ECU）

断开主车身 ECU 连接器 E50。

标准电阻

检测仪连接	条件	规定状态
前大灯继电器端子 2—E50-20 (HRLY)	始终	小于 1 Ω
E50-20 (HRLY) —车身搭铁	始终	小于 1 Ω

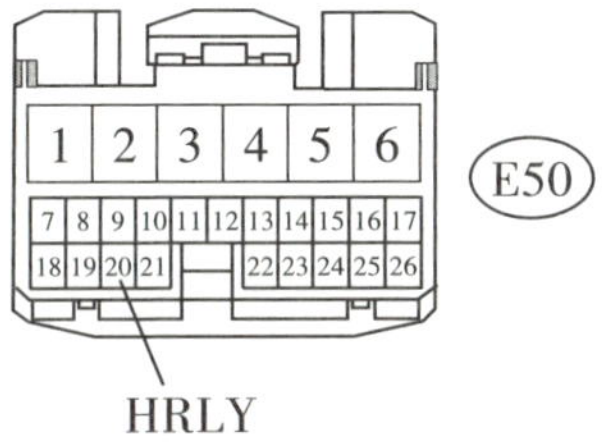

结果

异常	维修或更换线束或连接器
正常	更换主车身 ECU（仪表板接线盒）

任务工单

<table>
<tr><td>工作任务</td><td colspan="7">前照灯近光不亮故障诊断与排除</td></tr>
<tr><td>姓名</td><td></td><td>学号</td><td></td><td>班级</td><td></td><td>日期</td><td></td></tr>
<tr><td colspan="8">车辆信息</td></tr>
<tr><td>车型</td><td colspan="2"></td><td>生产年份</td><td></td><td>制造厂</td><td colspan="2"></td></tr>
<tr><td>VIN码</td><td colspan="3"></td><td>发动机型号</td><td colspan="3"></td></tr>
<tr><td colspan="8">汽车行驶的总里程:________________
汽车距离上次维护的时间:________________
汽车距离上次维护的里程:________________
前照灯近光灯泡的类型:________________
汽车蓄电池的电压:________________</td></tr>
<tr><td colspan="8">情感面(作业安全、职业操守)</td></tr>
<tr><td colspan="6">操作点(共16分)</td><td>学生评价总结</td><td>教师评估</td></tr>
<tr><td colspan="6">1.能进行工位“6S”操作(共3分)
□1.1 整理、整顿(1分)
□1.2 清理、清洁(1分)
□1.3 素养、安全(1分)
2.能进行设备器材的安全检查(共2分)
□2.1 检查作业所需要的工具和设备是否完备(1分)
□2.2 检查举升机的举升情况是否正常(1分)
3.能进行车辆安全防护操作(共3分)
□3.1 正确安装车辆翼子板布(1分)
□3.2 正确安装车内三件套(1分)
□3.3 正确安装车轮挡块(1分)
4.能穿戴好防护装备(共3分)
□4.1 防护服(1分)
□4.2 护目镜(1分)
□4.3 防护手套(1分)
5.能进行工量具清洁、校准、存放操作(共2分)
□5.1 使用后对工量具进行清洁(1分)
□5.2 作业完成后对工量具进行复位(1分)
6.能进行“三不落地”操作(共3分)
□6.1 作业过程做到油液不落地(1分)
□6.2 作业过程做到零件不落地(1分)
□6.3 作业过程做到工具不落地(1分)</td><td></td><td></td></tr>
</table>

续表

技能面（应用技能、操作技能）		
操作点（共22分）	学生评价总结	教师评估
□1. 检查前示廓灯（共2分） □2. 检查近光灯和仪表信号灯（共2分） □3. 检查远光灯和仪表信号灯（共2分） □4. 检查闪光灯和仪表信号灯（共2分） □5. 检查前雾灯和仪表信号灯（共2分） □6. 检查左右转向灯和仪表信号灯（共2分） □7. 检查危险警告灯和仪表信号灯（共2分） □8. 检查前照灯总成的外观和安装状况是否正常（共2分） □9. 检查雾灯总成的外观和安装状况是否正常（共2分） □10. 检查前照灯近光灯泡是否正常（共2分） □11. 检查前照灯近光插头连接是否正常（共2分）		
作业面（保养、拆装、维修、诊断作业）		
操作点（共42分）	学生评价总结	教师评估
□1. 查阅前照灯电路图（共3分） □2. 从发动机室继电器盒中拆下 H-LP MAIN 保险丝（共3分） □3. 检查保险丝 (H-LP MAIN)电阻（共3分） □4. 从发动机室接线盒中拆下 H-LP LH LO 保险丝和 H-LP RH LO 保险丝（共3分） □5. 测量各保险丝加载槽与车身搭铁之间的电压（共3分） □6. 从发动机室继电器盒上拆下前大灯继电器（共3分） □7. 检查前大灯继电器 (H-LP)，在端子 1 和 2 间未施加电压测量 3—5 电阻（共3分） □8. 检查前大灯继电器 (H-LP)，在端子 1 和 2 间施加电压测量 3—5 电阻（共3分） □9. 检查线束和连接器（蓄电池—前大灯继电器），前大灯继电器端子 5—车身搭铁测量继电器盒侧的电压（共3分） □10. 检查线束和连接器（蓄电池—前大灯继电器），前大灯继电器端子 1—车身搭铁测量继电器盒侧的电压（共3分） □11. 检查线束和连接器（前大灯继电器—保险丝）测量电阻：前大灯继电器端子 3—H-LP LH LO 保险丝端子测量电阻（共3分） □12. 检查线束和连接器（前大灯继电器 - 保险丝）测量电阻：前大灯继电器端子 3—H-LP RH LO 保险丝端子测量电阻（共3分）		

续表

□13. 检查线束和连接器（前大灯继电器-主车身 ECU）测量电阻：前大灯继电器端子 2-E50-20（HRLY）（共3分） □14. 检查线束和连接器（前大灯继电器-主车身 ECU）测量电阻：E50-20（HRLY）- 车身搭铁（共3分）		
信息面(信息录入、检索、应用)		
操作点(共12分)	学生评价总结	教师评估
□1. 故障点的确认(共3分) □2. 故障的排除方法(共3分) □3. 能在规定时间内完成故障诊断与排除(共3分) □4. 能正确记录所需信息(共3分)		
工具及设备使用能力		
操作点(共8分)	学生评价总结	教师评估
□1. 能正确选用维修工具(共2分) □2. 能正确使用万用表(共2分) □3. 能正确使用试电笔(共2分) □4. 能正确使用实训车辆(共2分)		

任务2　汽车发电机不发电故障诊断

工作任务	汽车发电机不发电故障诊断	教学方法	任务驱动法
建议学时	6	教学地点	理实一体化实训室
教学目标	1.能够根据所学知识排除发电机不发电故障。 2.能够主动获取信息，熟悉汽车使用情况，培养与他人有效沟通的能力和服务意识。		
设备器材	别克威朗轿车1辆，举升机，维修资料，万用表1个，试电笔1支，防护装备，工作手册式教材，网络教学资源等。		
任务引入	小王的轿车在行驶途中发现仪表电瓶灯亮了，小王的第一反应是“充电系统出现了问题”，怎么办？ 小王将车驶入汽车维修“4S”店，经维修人员诊断后发现是电压调节器损坏，不能对交流发电机的输出电压进行有效控制。维修人员更换调节器后一切恢复正常。 		

知识储备

一、汽车交流发电机

普通交流发电机主要由转子总成、定子总成、整流器、前后端盖、风扇、皮带轮、电刷架及电刷等元件组成。

转子总成是交流发电机的磁场部分；定子总成（也称发电机电枢），由定子铁芯和定子绕组组成。三相绕组的连接方法可分为星形连接和三角形连接。

转子总成的作用是在转子上的励磁绕组通电后产生磁场。

定子总成的作用是产生三相交变电动势。

整流器的作用是利用二极管的单向导电性，把交流发电机产生的三相交流电转换成直流电后输出。

前后端盖的作用：首先两个端盖上的轴承共同支承发电机转子轴旋转；其次，后端盖上还安装电刷架及电刷、硅二极管整流器。

扫码看微课

汽车交流发电机相关知识

风扇的作用是强制发电机内部通风冷却。

皮带轮的作用是将发动机曲轴的转矩传递给发电机转子轴，带动发动机旋转。

电刷架用于安装电刷；电刷的作用是将蓄电池的电能输送给发电机的励磁绕组。

二、知识巩固

1.写出发电机各元件名称,并在实训车辆中找出来。

(1)________________; (2)________________;

(3)________________; (4)________________;

(5)________________; (6)________________;

(7)________________; (8)________________;

(9)________________; (10)________________。

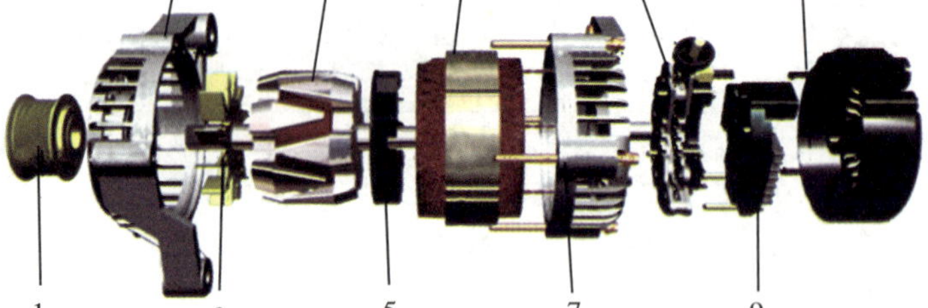

2.交流发电机中产生磁场的装置是(   )。

A.定子 B.转子 C.电枢 D.整流器

3.交流发电机硅整流器一般是由(   )只硅二极管组成。

A.3 B.12 C.6 D.4

4.交流发电机的主要作用是调节(   )。

A.发电机的转速 B.发电机的输出电流

C.发电机的输出电压 D.防止过载

5.硅整流器是利用二极管的________,将________转换为________。

6.向交流发电机的磁场绕组供电使其产生磁场,称为________,方式有____________、________两种。

7.转子是交流发电机的________部分,作用是________________________________。

8.定子总成也称为________,由________和________组成,三相绕组的连接方法有________和________。

任务实施

一、实施前的准备工作

1.常规准备工作:卫生清扫、场地安全确认、人数清点等。

2.汽车数字万用表1套、防护四件套。

3.操作者穿戴好防护装备。

二、交流发电机及调节器的检修

1.交流发电机的就车检查

(1)检查发电机驱动皮带。

①检查皮带外观。目测皮带是否有开裂或严重磨损，若有则应更换皮带。

发电机驱动皮带

②检查调整发电机V型带张紧程度(挠度)。

(2)检查导线的连接。

①检查各导线的连接是否正确。

②检查发电机输出端子是否加弹簧垫圈并锁紧。

③采用插接器连接的发电机，其插座与插头的连接必须锁紧，不得有松动现象。

发电机

(3)检查发电机运转时有无噪声。

长期使用的发电机有可能出现轴承松旷、破损、转子轴弯曲等故障，会导致发电机工作时产生异常噪声。检查时逐渐加大节气门开度，提高发动机转速，同时监听有无异常噪声，若有应拆下发电机并解体维修。

(4)检查发电机是否正常发电。

检查方法如下：先用万用表测量蓄电池的静态端电压，并记录。再测量发动机怠速时的电压，此电压高于蓄电池静态端电压，表明发电机能发电，若低于蓄电池静态电压，表明发电机未发电，应对发电机调节器进行检修。

(5)检查蓄电池是否有过充现象。

检查蓄电池在不亏电的情况下，充电电流是否仍在10 A以上，电解液是否消耗过快。

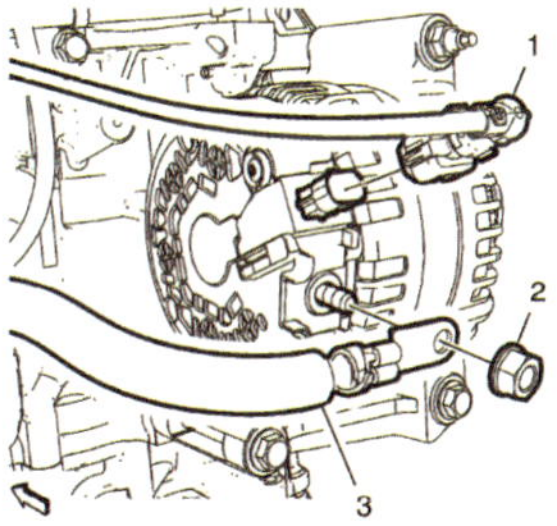

1—发电机线束插头；2—发电机和起动机电缆导线螺母；3—发电机和起动机电缆

发电机拆卸

2.发电机的拆卸和安装

(1)拆卸：

①断开蓄电池负极电缆。

②移除传动皮带。

③举升和顶起车辆，移除前排气管。

④断开发电机线束插头1。

⑤拆下发电机和起动机电缆导线螺母2，拆下发电机和起动机电缆3。

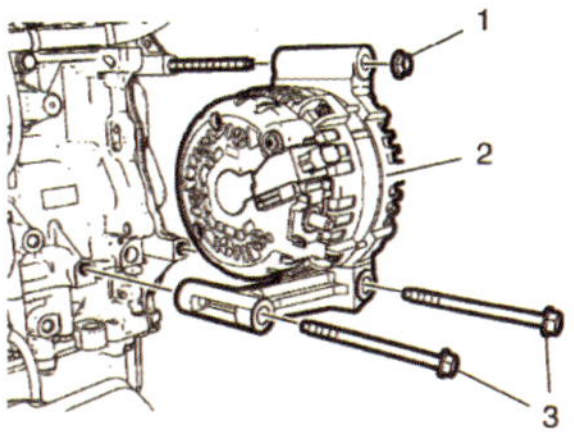

1—发电机螺母；2—发电机；3—发电机螺栓

发电机安装

⑥拆下发电机螺栓和发电机螺母。

⑦取下发电机。

(2)安装：

①安装发电机螺栓和发电机螺母并紧固至22 N·m。

②安装发电机和起动机电缆。

③安装发电机和起动机电缆导线螺母并紧固至12.5 N·m。

④连接发电机线束插头。

⑤安装前排气管。

⑥降下车辆，安装传动皮带。

⑦连接蓄电池负极电缆。

扫码看微课

发电机的检测
操作微视频

3. 发电机的分解

(1)拆下前端盖连接螺栓，分解前端盖、皮带轮、转子、后端盖、整流器及电压调节器。

(2)拆下定子绕组端头，从后端盖上取下定子。

(3)拆下电刷架，取出电刷总成、二极管、整流器及电压调节器。

(4)拆下皮带轮固定螺母，取下皮带轮、半圆键、风扇、轴套，使转子和前端盖分离。

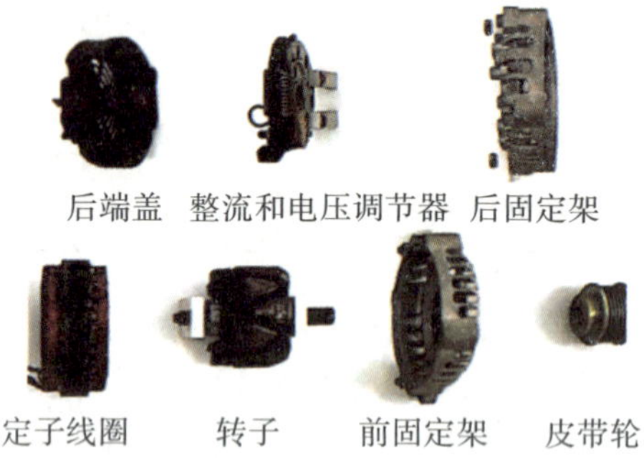

发电机拆解部件名称

4. 发电机主要部件的检修

(1)检查定子。

①检查定子绕组是否短路或断路。用数字万用表“$R\times1$挡”检查三相绕组引线两两之间应导通，正常阻值小于1 Ω且相等。若万用表不导通(电阻无穷大)，说明断路；过小(接近0)，则说明短路。两种情况均应更换定子。

②定子绕组是否搭铁。

即检查定子绕组与铁芯的绝缘情况，用数字万用表电阻最大挡测量，若电阻≥100 kΩ说明有搭铁故障，则应更换定子。

(2)检查转子。

①检查转子绕组是否断路及短路。

用万用表“$R\times1$挡”检查两集电环之间的电阻，其数值应在规定范围内。大于此值，表明有断路故障；小于此值，说明有短路故障；其数值为∞，则为搭铁故障。对于有故障的转子应更换，有条件的可以对集电环或线圈进行修理。

定子绕组断路检查

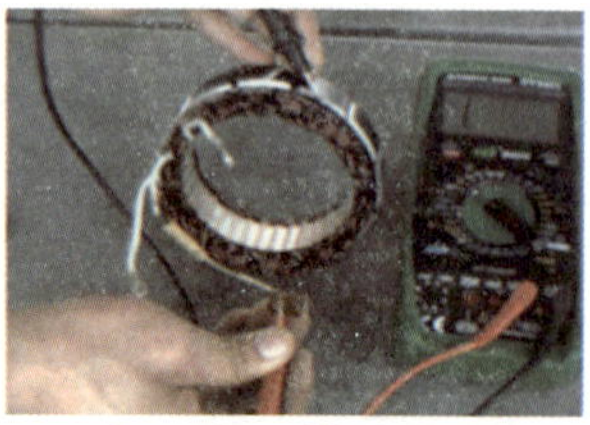
定子绕组搭铁检查

②转子轴与集电环的检修。

用百分表检测转子轴的径向圆跳动，其径向圆跳动不得超过0.1 mm(弯曲度不能超过0.05 mm)，否则应予以校正。集电环表面如有烧蚀严重或失圆等情况，可用车床进行修整，其最大偏摆量不应超过0.05 mm，最后用砂纸抛光并吹净粉屑。

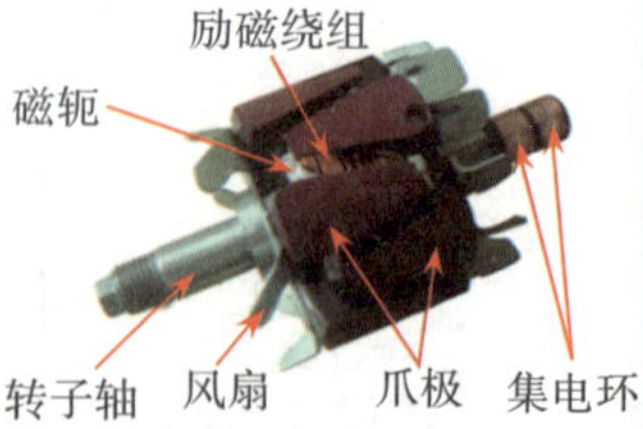

转子的构造

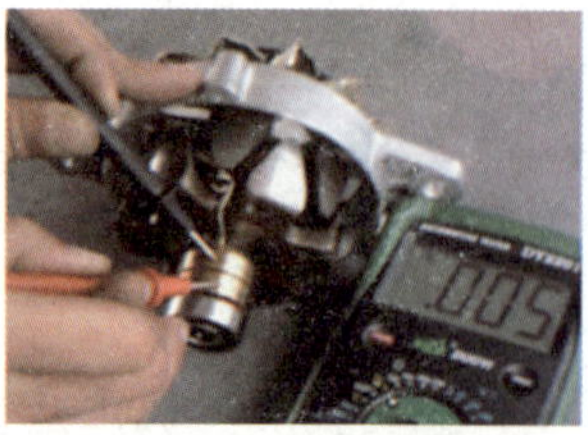
转子的断路检查

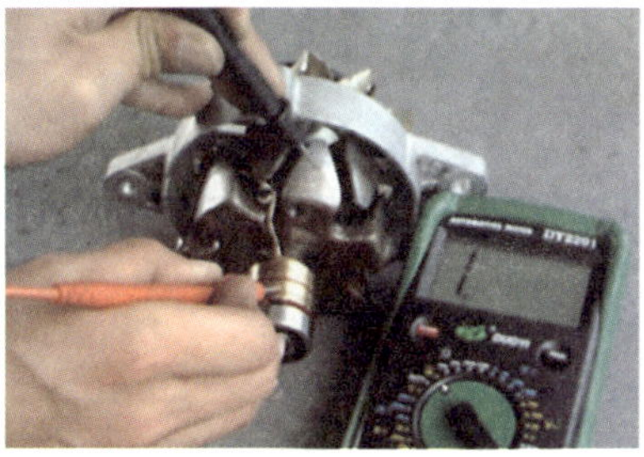
转子的搭铁检查

检测转子轴的径向圆跳动

(3)整流器的检查。

整体整流器的整流板,正负硅二极管全部焊装在一起,不可分解。

将万用表的两支表笔分别压在正、负二极管的极板和二极管接触端上测量一次,然后更换表笔再测量一次。若一次导通,一次不导通则正常;若两次测量都不导通,则说明二极管断路。若两次测量都导通,说明此二极管被击穿。

(4)检查调节器。

调节器是否有故障,可用一个可调直流稳压电源(0~30 V),一个汽车用直流灯泡(12 V,20 W)代替发电机励磁绕组,接线后测试。调节直流稳压电源,当其电压从零逐渐升高时,灯泡亮度逐渐增加,当电压升高到调节电压[(14±0.2)V,(28±0.5)V]时灯泡突然熄灭。当电压超过调节电压值,灯泡不熄灭或一直不亮,都说明调节器有故障,应更换调节器。

(5)检查电刷及电刷架。

①电刷长度的检测。

电刷的长度就在规定值的范围内,允许磨损后长度为原长的2/3,超过极限值应予更换。电刷表面如有油污应用布擦拭干净,电刷在电刷架内应滑动自如。电刷架不得有裂纹、弹簧折断或锈蚀现象,否则应更换电刷架。

②电刷弹簧压力的检测。

电刷弹簧压力的检测方法,当电刷从电刷架露出长度2 mm时,天平上的读数即为电刷弹簧压力。若其值为2~3 N,说明弹簧力过小,应更换新电刷。

③电刷的更换。

先将电刷弹簧和新电刷装入电刷架内,然后用钳子夹住电刷引线,使电刷露出高度符合规定值(13 mm),再用电烙铁将电刷引线与电刷架焊牢即可。

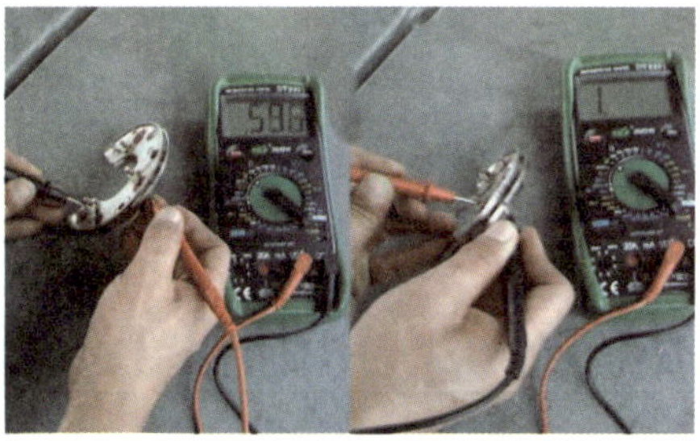
整体整流器的检测

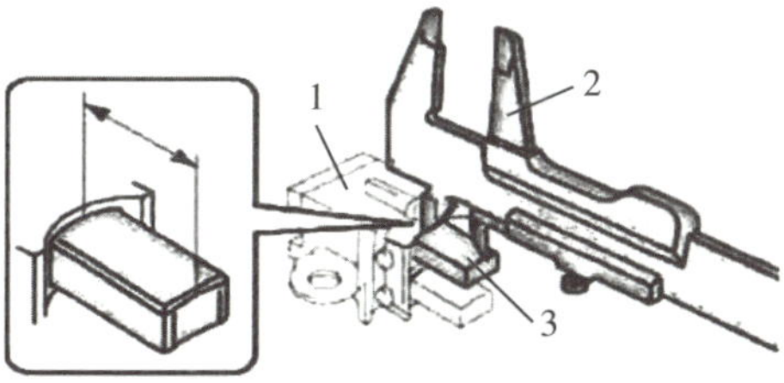

1—电刷架;2—游标卡尺;3—电刷
电刷长度的检测

任务工单

工作任务	发电机不发电故障诊断与排除						
姓名		学号		班级		日期	

车辆信息					
车型		生产年份		制造厂	
VIN码		发动机型号			

发电机型号:______________

发电机参数:______________

情感面(作业安全、职业操守)

操作点(共16分)	学生评价总结	教师评估
1. 能进行工位“6S”操作(共3分) □1.1 整理、整顿(1分) □1.2 清理、清洁(1分) □1.3 素养、安全(1分) 2. 能进行设备器材的安全检查(共2分) □2.1 检查作业所需要的工具和设备是否完备(1分) □2.2 检查举升机的举升情况是否正常(1分) 3. 能进行车辆安全防护操作(共3分) □3.1 正确安装车辆翼子板布(1分) □3.2 正确安装车内三件套(1分) □3.3 正确安装车轮挡块(1分) 4. 能穿戴好防护装备(共3分) □4.1 防护服(1分) □4.2 护目镜(1分) □4.3 防护手套(1分) 5. 能进行工量具清洁、校准、存放操作(共2分) □5.1 使用后对工量具进行清洁(1分) □5.2 作业完成后对工量具进行复位(1分) 6. 能进行“三不落地”操作(共3分) □6.1 作业过程做到油液不落地(1分) □6.2 作业过程做到零件不落地(1分) □6.3 作业过程做到工具不落地(1分)		

续表

技能面(应用技能、操作技能)		
操作点(共8分)	学生评价总结	教师评估
□1.检查蓄电池静态电压(共2分) □2.检查蓄电池+B与负极的电压(共2分) □3.起动发动机,检查蓄电池充电电压(共2分) □4.检查蓄电池+B与负极的电压(共2分)		
作业面(保养作业)		
操作点(共69分)	学生评价总结	教师评估
□1.检查发电机驱动皮带(5分) □2.检查导线连接(3分) □3.检查运转状况(3分) □4.检查发电机发电量(2分) □5.发电机的拆卸与安装(8分) □6.发电机分解(8分) 7.发电机主要部件检修(共38分) □7.1检查定子绕组是否短路或断路(4分) □7.2定子绕组是否搭铁(4分) □7.3检查转子绕组是否断路或短路(4分) □7.4转子轴与集电环的检修(5分) □7.5整流器的检测(4分) □7.6调节器的检查(4分) □7.8电刷长度的检测(4分) □7.9电刷弹簧压力的检测(4分) □7.10电刷的更换(5分)		
信息面(信息录入、检索、应用)		
操作点(共4分)	学生评价总结	教师评估
1.能正确使用维修手册查询资料(共2分) □1.1 查询发电机型号(1分) □1.2 查询发电机螺栓扭矩规格(1分) □2.能在规定时间内查询所需资料(共1分) □3.能正确记录所需信息(共1分)		
工具及设备使用能力		
操作点(共3分)	学生评价总结	教师评估
□1.能正确选用维修工具(共1分) □2.能正确使用万用表(共1分) □3.能正确选用发电机的拆检工具(共1分)		

任务3　空调制冷时压缩机不运转故障诊断与排除

工作任务	空调制冷时压缩机不运转故障诊断与排除	教学方法	任务驱动法
建议学时	6	教学地点	理实一体化实训室
教学目标	1.能正确分析和判断压缩机不运转的原因； 2.能找出故障部位； 3.能排除压缩机不运转的故障； 4.培养沟通能力和服务意识； 5.培养“6S”理念，养成严谨的工作作风。		
设备器材	实训车1辆，举升机，维修资料，SPX冷媒回收加注机1套，冷媒纯度检测仪，冷媒一罐，防护装备，工作手册式教材，网络教学资源等。		
任务引入	小李在开车过程中发现汽车空调打开后，没有冷风进入驾驶室，小李的第一反应是“空调坏了”，怎么办？ 小李将车驶入汽车维修“4S”店，维修技师在检查中发现空调压缩机没工作，如果你是维修技师该怎么进行故障诊断与排除呢？ 		

知识储备

一、空调系统

空调系统主要包括制冷系统、采暖装置和通风换气装置三部分。

制冷系统是利用物质形态转变时吸放热和热传递的原理来降低车厢内的温度的，主要用于夏季车内空气的降温与除湿。

根据供热热源的不同，采暖装置可分为非独立式和独立式两种，主要用于冬季车内的供暖。

通风装置的通风方法有自然通风和强制通风两种，主要对车内进行强制性换气，保证车内空气清洁和对流。

车用空调制冷系统一般采用以R134a为制冷剂的蒸气压缩式封闭循环系统。它主要包括压缩机、冷凝器、储液干燥罐（或积累器）、膨胀阀（或节流孔管）、蒸发器等组成的循环部分和电控部分等。

扫码看微课

汽车空调制冷系统的工作原理

1.压缩机的作用

将气态制冷剂加压（提高其压力和温度），维持制冷剂在系统中循环。

2.冷凝器的作用

将压缩机排出的高压高热制冷剂蒸气凝结成液体,对外放出制冷剂的热量。

3.贮液干燥器的作用

临时贮存液态制冷剂,滤除制冷剂中的杂质,吸收制冷剂中的水分。

4.膨胀阀的作用

通过节流作用降低液态制冷剂的压力和温度。

5.蒸发器的作用

利用从膨胀阀来的低温低压的液态制冷剂蒸发时吸收周围空气中的大量热量,从而达到车内空气降温的目的。

二、知识巩固

1.写出下列空调制冷系统各元件名称,并描述制冷剂在空调制冷循环系统的循环过程。

(1)________________;　　(2)________________;

(3)________________;　　(4)________________;

(5)________________。

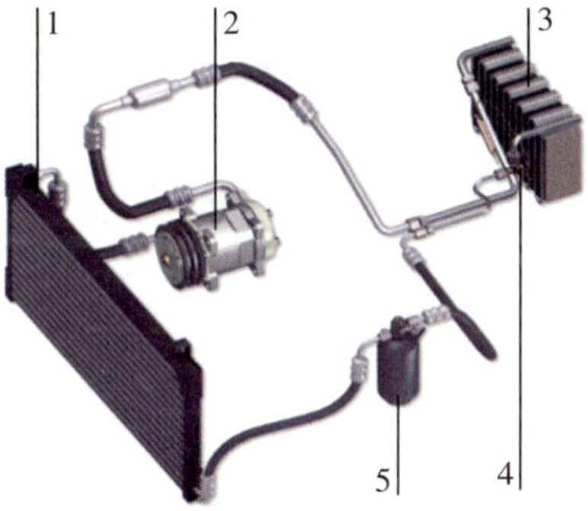

2.下面关于空气滤清器的陈述中哪个是正确的?(　　)

A.当空气滤清器变脏并堵塞时,吸入空气很难,空调效果变差

B.没有专用工具,空气滤清器不能拆除

C.空气滤清器安装在空气出口附近

D.如果定期清理,空气滤清器不需要更换

3.下列关于冷凝器的表述正确的是:(　　)。

A.从压缩机排出的高压气态制冷剂,必须由冷凝器下部接口进入

B.冷凝器不需要发动机冷却风扇进行冷却

C.冷凝器是将压缩机排出高温高压气态的制冷剂冷凝成低温低压液态的制冷剂

D.冷凝器应该经常清洗,保持清洁

4.汽车空调实现调节温度的方式按照控制方式分有两种,分别为手动空调和________。

5.汽车空调系统的冷凝水是在________________上产生的。

6.空调系统工作所需的动力和驱动汽车的动力都来自同一发动机，这种系统叫______________空调；采用专用发动机驱动空调制冷压缩机的系统叫__________制冷空调。

任务实施

一、实施前的准备工作

1.常规准备工作：卫生清扫、场地安全确认、人数清点等。

2.制冷剂回收加注机1套、冷媒1罐、万用表1个、手电筒1支、着色剂一套。

3.操作者穿戴好防护装备(防护服、护目镜、防护手套)。

二、空调系统检查

1.空调系统的检查

(1)检查空调熔丝是否熔断，检查电源线路和插头接触是否良好。

(2)检查并调整离合器传动皮带的松紧度。

(3)检查压缩机轴键的情况。

(4)检查压缩机电磁离合器线圈是否断路。

(5)检查及更换磨损严重的离合器传动带盘和压力板。

(6)检查系统内有无制冷剂及制冷剂压力。正常状态时，压力表压力指示为：低压压力0.15~0.20 MPa，高压压力为1.45~1.50 MPa。

扫码看微课

空调检测
(动画仿真)

2.制冷时压缩机不启动故障分析与排除

(1)可能原因：

①电器元件接触不良，熔断丝熔断，空调开关坏，继电器内线圈脱焊，搭铁接触不良。

②电磁离合器故障。

③恒温器调定值太高，而室温很低。

④环境温度过低。

⑤制冷剂漏光。

⑥热敏电阻损坏。

⑦怠速提高装置有故障。

⑧压缩机轴承烧坏或缺油。

⑨压缩机的皮带过松或出现裂纹。

空调压缩机的检查

(2)故障排除方法：

①检查电器元件，焊牢接线，更换损坏元件。

②检查电磁离合器。

③将恒温器转至最低温度挡。

④检查低温(低压)保护开关。

⑤检查制冷剂量,低压保护开关。

⑥检查热敏电阻。

⑦检查怠速提高装置并调整或修理。

⑧分解压缩机,更换轴承或按规定加油。

⑨张紧或更换皮带。

3. 制冷系统主要部件的检测

(1)高低压橡胶软管的检查:用手检查橡胶软管是否老化或出现裂纹,结果______________________。

(2)高压检测。

A. 连接加注机,打开阀门,读取高压表压力__________;B. 连接加注机,打开阀门,读取低压表压力__________。

4. 制冷剂的回收与加注

(1)制冷剂的回收。

①连接回收机高低压管路,插上电源线。

②按下放气开关。

③点击回收功能。

(2)系统抽真空。

①安装歧管压力表,将一端接压力表的中部,另一端接真空泵,选择抽空功能。

②抽15分钟以上,直至压力表指示压力降到最低。关闭高低压开关,观察高低压力表指示的压力是否有回升,10分钟内不得有回升,若有回升,证明系统存在泄漏。

(3)加注冷冻机油。

选择注油功能,设置加注量。

(4)制冷剂加注。

①安装制冷剂罐。

②从高压侧加注制冷剂:发动机不工作时,打开高压侧阀门加入制冷剂直到低压表到大约0.98 MPa,加注后,关闭阀门。

③检查漏气,用电子检漏计检测系统漏气的情况。

④从低压侧加注制冷剂:关闭高压侧阀门后,起动发动机并运行空调,打开歧管压力计,加规定量的制冷剂。

⑤更换加注罐时,关闭高低压两侧的阀门;更换后,打开驱

冷却剂的加注

低压口

歧管压力表检查制冷剂的加注量

气阀从中部的软管和歧管压力表中放出空气。

⑥根据歧管压力表的压力显示情况，检查制冷剂的加注量。在制冷剂加注量达到规定量时，歧管压力表的压力也应达到规定值。

⑦制冷剂加注量符合要求后，关闭低压侧阀门并关闭发动机。

扫码看微课

空调制冷剂的加注微视频

任务工单

<table>
<tr><td>工作任务</td><td colspan="8">制冷剂的加注</td></tr>
<tr><td>姓名</td><td></td><td>学号</td><td colspan="2"></td><td>班级</td><td></td><td>日期</td><td></td></tr>
<tr><td colspan="9">车辆信息</td></tr>
<tr><td>车型</td><td colspan="2"></td><td>生产年份</td><td colspan="2"></td><td>制造厂</td><td colspan="2"></td></tr>
<tr><td>VIN码</td><td colspan="3"></td><td colspan="2">发动机型号</td><td colspan="3"></td></tr>
<tr><td colspan="9">制冷剂型号：________________
检查高低压软管是否有老化或出现裂纹现象：________________
高低压的检查：
高压________________，低压________________。</td></tr>
<tr><td colspan="9">情感面（作业安全、职业操守）</td></tr>
<tr><td colspan="5">操作点（共16分）</td><td colspan="2">学生评价总结</td><td colspan="2">教师评估</td></tr>
<tr><td colspan="5">1. 能进行工位“6S”操作（共3分）
□1.1 整理、整顿（1分）
□1.2 清理、清洁（1分）
□1.3 素养、安全（1分）
2. 能进行设备器材的安全检查（共2分）
□2.1 检查作业所需要的工具和设备是否完备（1分）
□2.2 检查举升机的举升情况是否正常（1分）
3. 能进行车辆安全防护操作（共3分）
□3.1 正确安装车辆翼子板布（1分）
□3.2 正确安装车内三件套（1分）
□3.3 正确安装车轮挡块（1分）
4. 能穿戴好防护装备（共3分）
□4.1 防护服（1分）
□4.2 护目镜（1分）
□4.3 防护手套（1分）
5. 能进行工量具清洁、校准、存放操作（共2分）
□5.1 使用后对工量具进行清洁（1分）
□5.2 作业完成后对工量具进行复位（1分）</td><td colspan="2"></td><td colspan="2"></td></tr>
</table>

6.能进行“三不落地”操作(共3分) □6.1 作业过程做到油液不落地(1分) □6.2 作业过程做到零件不落地(1分) □6.3 作业过程做到工具不落地(1分)		
技能面(应用技能、操作技能)		
操作点(共29分)	学生评价总结	教师评估
1.检查制冷剂情况(共8分) □1.1 检查制冷剂压力表压力,确定在正常压力范围之内(2分) □1.2 检查高压管接头是否有泄漏(3分) □1.3 检查低压管接头是否有泄漏(3分) 2.制冷剂回收与加注(共21分) □2.1 正确排气(4分) □2.2 正确回收制冷剂(5分) □2.3 正确抽空(4分) □2.4 正确注油(4分) □2.5 正确加注制冷剂(4分)		
作业面(保养作业)		
操作点(共33分)	学生评价总结	教师评估
更换制冷剂(共33分) □1.确认制冷剂与车辆匹配(2分) □2.确认车辆安全稳定地支撑在举升机上(2分) □3.放置回收机(2分) □4.回收制冷剂(10分) □5.清洗空调系统(6分) □6.加注制冷剂(5分) □7.起动车辆打开A\C开关、打开风机开关检查空调系统效果(3分) □8.检查制冷系统是否有泄漏(3分)		
信息面(信息录入、检索、应用)		
操作点(共12分)	学生评价总结	教师评估
1.能正确使用维修手册查询资料(共3分) □1.1 查询制冷剂型号(1.5分) □1.2 查询空调系统压力(1.5分) □2.查询制冷剂更换周期(3分) □3.能在规定时间内查询所需资料(3分) □4.能正确记录所需信息(3分)		

续表

工具及设备使用能力		
操作点(共10分)	学生评价总结	教师评估
□1.能正确选用维修工具(共2分) □2.能正确使用检查专用工具(共2分) □3.能正确使用回收加注机(共2分) □4.能正确使用检漏仪(共2分) □5.能正确使用举升机(共2分)		

任务4　汽车蓄电池亏电的故障诊断与排除

工作任务	汽车蓄电池亏电的故障诊断与排除	教学方法	任务驱动法
建议学时	6	教学地点	理实一体化实训室
教学目标	1.能够按照正确的操作规程进行故障诊断与排除，树立良好的安全文明操作意识。 2.能够根据维修手册、电路图和其他资源分析蓄电池充电电路，并列举出可能导致蓄电池充电不足的故障原因。 3.能在规定时间内查找故障，排除并验证排除结果。 4.能够主动获取信息，展示学习成果，对工作过程进行总结与反思，培养与他人进行有效沟通和团结协作的能力。 5.能够为顾客正确使用蓄电池提出合理化建议。		
设备器材	别克威朗轿车1辆，工具车1台，刷子1把，苏打水溶液1瓶，诊断仪，探针，万用表，维修手册、电路图各1份，网络资源。		
任务引入	小王的轿车蓄电池经常亏电，导致车辆经常无法起动，他该怎么办呢？ 作为维修技工，应当根据维修手册，正确使用万用表、故障诊断仪，参考相关资料排除故障，以恢复蓄电池正常工作状态，最终提出合理化使用建议，经检验合格后交付。 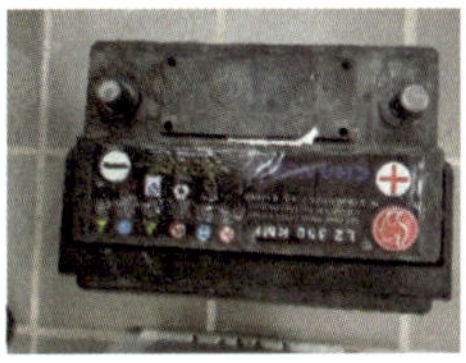		

知识储备

一、蓄电池

汽车用蓄电池称铅酸蓄电池，因为蓄电池中参与化学反应的活性物质主要是铅元素，参与反应的电解质是硫酸，所以称为铅酸蓄电池。蓄电池的工作状态：放电和充电，即蓄电池放电时是在工作，充电时也是在工作。

蓄电池在充、放电过程中的化学反应是可逆的。

(1)放电原理。

蓄电池的放电过程，就是将化学能转换成电能的过程。

放电过程总反应式为：$Pb+PbO_2+2H_2SO_4 \rightarrow 2PbSO_4+2H_2O$

在放电过程中，电解液中的硫酸减少，水增多，所以电解液密度不断下降。由于正极板的活性物质PbO_2和负极板上的活性物质Pb逐渐

扫码看微课

汽车蓄电池的组成及工作原理

都变成了$PbSO_4$。所以,蓄电池的容量和端电压是逐渐下降的。

蓄电池放完电的标志:

①单格电池电压下降到1.75 V。

②电解液相对密度下降到1.10~1.12 g/cm³。

(2)充电原理。

蓄电池的充电过程,就是将电能转换成化学能的过程。

充电过程的总反应式:$2PbSO_4+2H_2O \rightarrow Pb+PbO_2+2H_2SO_4$。

在充电过程中,电解液中的水减少,硫酸增多,所以电解液密度不断上升。由于正负极板上的$PbSO_4$逐渐都被还原为正极板的活性物质PbO_2和负极板上的活性物质Pb。所以,蓄电池的容量和端电压是逐渐上升的。

(3)充足电的标志。

①蓄电池内产生大量气泡,电解液呈"沸腾"状。

②端电压和相对密度上升到最大值且2~3小时内不再增加。

免维护铅蓄电池有内装式密度计(内有一颗能反光的绿色小球),通过从玻璃观察孔中看到的不同颜色判断蓄电池的放电程度:绿色——存电足,黑色——存电不足,黄色——更换蓄电池。

二、知识巩固

1.写出下列蓄电池各部件名称,并在实物中找出来。

(1)________________; (2)________________;

(3)________________; (4)________________;

(5)________________; (6)________________;

(7)________________; (8)________________;

(9)________________。

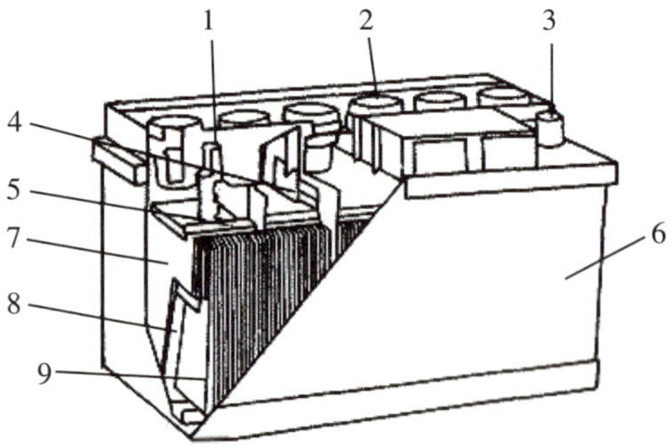

2.铅酸蓄电池正极板上的活性物质是__________,呈__________色;负极板上的活性物质是海绵状的__________,颜色呈__________色。

3.蓄电池的放电过程的化学反应方程式是:________________________________

4.蓄电池的充电方法有__________充电、__________充电、__________充电。

任务实施

一、实施前的准备工作

1. 常规准备工作：卫生清扫、场地安全确认、人数清点等。
2. 刷子1把、苏打水溶液1瓶。
3. 吸式密度计1只、高率放电计1个。
4. 别克威朗轿车1辆。
5. 操作者穿戴好防护装备（工作服、护目镜、手套）。

扫码看微课

蓄电池的检查与更换（动画仿真）

二、蓄电池的检查

1. 外部检查

蓄电池技术状况的检查包括外部检查、电解液液面高度检查、蓄电池端电压的检查、电解液密度的测量及蓄电池放电程度的检查。

(1)检查蓄电池封胶有无开裂或损坏，极桩有无破损，壳体有无泄漏，否则应修理或者更换。

(2)疏通加液孔盖的通气孔。

(3)清洁蓄电池外壳，并用钢丝刷或极柱接头清洗器清洁极桩和电缆卡子上的氧化物，清洁后涂抹一层凡士林或润滑脂。

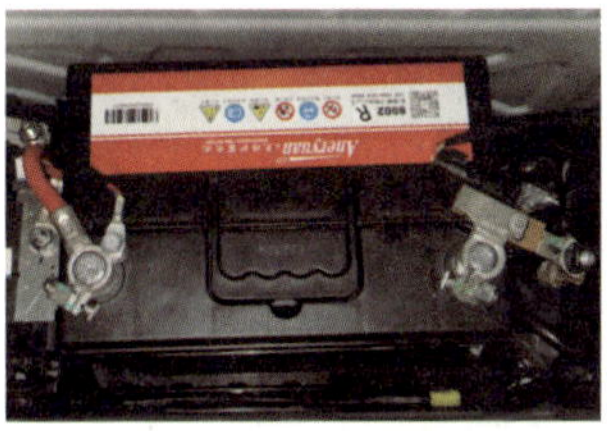

蓄电池外部检查

2. 电解液液面高度的检查

汽车每行驶1000 km或冬季行驶10～15天，夏季行驶5～6天，就应对电解液液面高度进行检查。其检查方法如下：

(1)玻璃试管测量法。

用长度为150～200 mm、内径4～6 mm的玻璃试管，对蓄电池所有单格的液面高度进行测量。将试管插至蓄电池单格内极板的上平面上，用拇指压住玻璃管上端，使管口密封后提起试管，此时试管中液体的高度即蓄电池电解液液面的高度，其标准高度值应为10～15 mm。低于此值时，应加注蒸馏水并使其符合标准值。

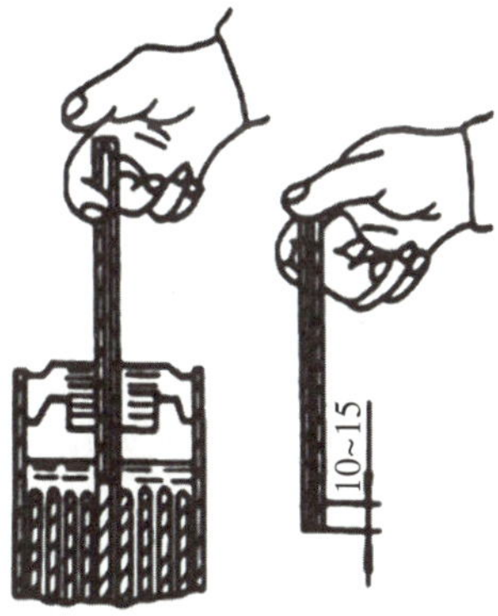

玻璃试管测量蓄电池液面高度

(2)液面高度示线观察法。

透明塑料外壳的蓄电池上均刻有（或印有）两条指示线，表示上限和下限。标准的电解液高度应介于两条指示线之间，否则应进行调整：当液面高度低于下限时，应添加蒸馏水，使液面介于上限与下限之间；当液面高度高于上限时，应将高出的部分吸出，并调整好单格中的电解液密度。

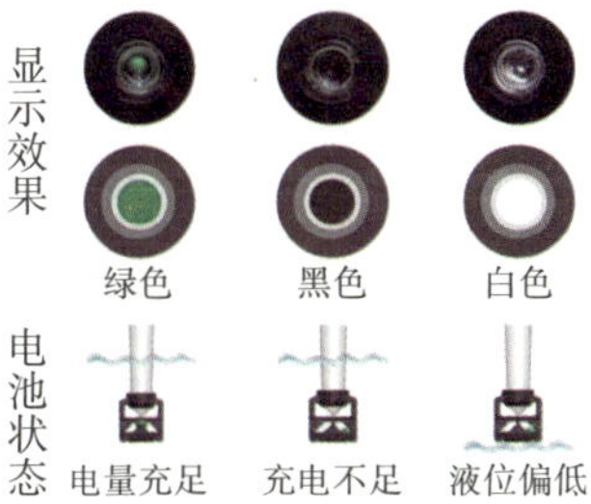

图标标记观察法

(3)图标标记观察法。

为了方便对蓄电池的检查，许多新式蓄电池在加液孔盖或蓄电池壳体上，制有各种图标标记和说明，检查时可根据其图示形状或颜色的变化来判断液体的多少和存电量状况。

"电眼"图案对应状态表

序号	颜色	液面	含义
1	绿色	正常	正常
2	黑色	正常	需充电
3	白色	偏低	需更换
4	红色	偏低	需更换

3. 蓄电池放电程度的检查

(1)电解液密度与放电程度的关系：电解液相对密度每下降0.01 g/cm³，相当于蓄电池放电6%。由此，根据电解液密度可以确定蓄电池的放电程度。一般规定，蓄电池冬季放电达25%或夏季放电50%时不宜再使用，应及时进行充电，否则会使蓄电池极板硫化而提前报废。

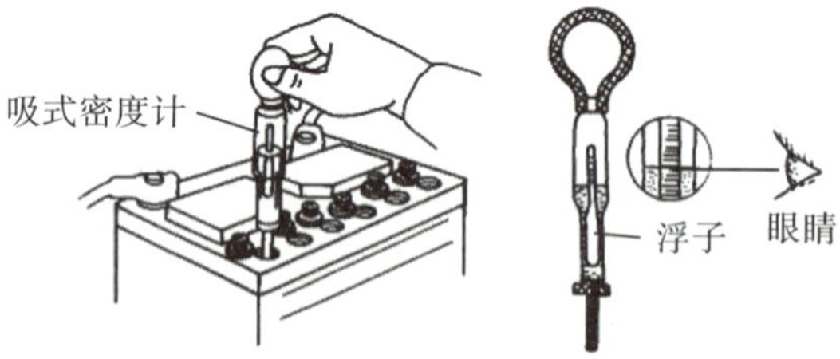

蓄电池放电程度的检查

(2)测量方法。

打开蓄电池的加液孔盖，将密度计橡胶皮球捏扁，排出吸管中的部分空气；

下端橡胶管插入电池电解液中；

慢慢放松橡胶皮球，电解液就会被吸进玻璃管中。

使密度计芯管浮在玻璃管中央，然后读取电解密度值，该平面与密度计芯管相交的刻度线就是电解液实测密度值；

将测量换算后的电解液密度值与上次充电终了的电解密度进行对比，根据两次的密度差来判断蓄电池的放电程度。

注意：对于刚进行过强电流放电或刚加过蒸馏水的蓄电池，不宜进行电解液密度的测量。否则会因电解液混合不均匀而使测量结果不准确。

4. 蓄电池端电压的测量

(1)单格外露式蓄电池单格电压的测量。

单格外露式蓄电池可用2.5 V高率放电计进行测量。将高率放电计的两个触头紧压在蓄电池单格的正、负极桩上，在5 s之内观察放电计的电压，并记录电压值。

各单格电压应为1.5 V以上，并在5 s之内保持稳定。

如果各单格电压低于1.5 V，但在5 s之内保持稳定，说明放电过多，应及时进行充电。

扫码看微课

蓄电池的检测与充电操作微视频

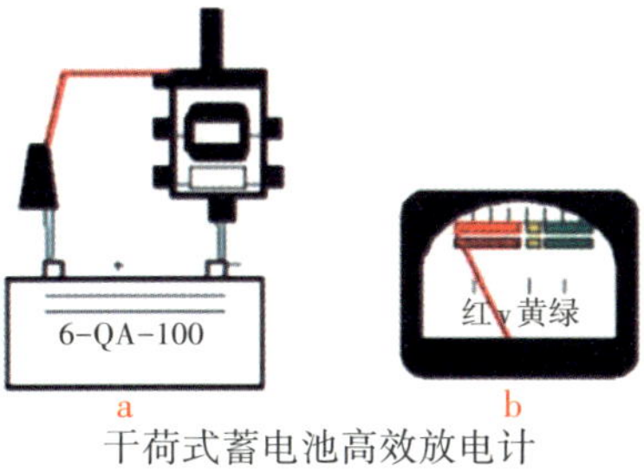

高效放电计测单格外露式蓄电池电压

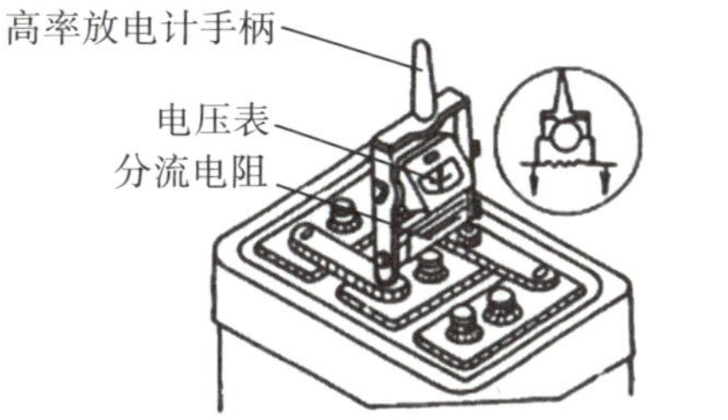

单格链条不外露式蓄电池端电压的测量

若单格电压低于1.5 V，并且在5 s单格电池电压迅速下降到1.5 V以下，说明蓄电池有故障。

(2)单格链条不外露式蓄电池端电压的测量。

对于单格链条不外露的蓄电池只能测量整个蓄电池的端电压。

采用专用的大量程高率放电计测量这种蓄电池方便而准确。这种放电计的正面表盘上设有红、黄、蓝色的条形，分别表明蓄电池的不同放电程度，其中红色区域表示亏电或有故障；黄色区域表示亏电较少或技术状况较好；绿色区域则表示电充足或技术状况良好。

表面上的上、下两条彩色条形图，分别测量≤60 Ah和＞60 Ah的蓄电池的放电程度。

测量时注意：放电20秒，停止3分钟，连续放电3次，以第3次为准。

三、蓄电池的常见故障及排除方法

1.自行放电

(1)故障现象。

充足电的蓄电池放置一段时间后，在无负荷的情况下逐渐失去电量的现象。

由于蓄电池本身的结构原因，会产生一定程度的自放电。如果自放电在一定的范围内，可视为正常现象。一般自放电的允许范围在每昼夜1%。如果每昼夜放电超过2%，就应视为故障。

(2)故障原因。

①电解液中杂质，杂质与极板之间形成电位差，通过电解液产生局部放电；

②蓄电池表面脏污，造成轻微短路；

③极板活性物质脱落，下部沉积物过多使极板短路；

④蓄电池长期放置不用，硫酸下沉，从而造成下部密度比上部密度大，极板上、下部发生电位差引起自放电。

(3)排除方法。

将蓄电池全部放电或过放电，使极板上的杂质进入电解液；倒出电解液，清洗几次；最后加入新配制的电解液。

2.极板硫化

极板上附着有硬化的硫酸铅，正常充电时不能转化成二氧化铅和铅。

(1)故障现象。

①蓄电池电解液的密度下降到低于规定正常值；

②用高率放电计检测时，蓄电池端电压下降过快；

③蓄电池充电时过早地产生气泡，甚至一开始就有气泡；

④充电时电解液温度上升过快，易超过45 ℃。

(2)故障原因。

①蓄电池在放电或半放电状态下长期放置，硫酸铅在昼夜温差作用下，溶解与结晶不能保持平衡，结晶量大于溶解量，结晶的硫酸铅附着在极板上；

②蓄电池经常过量放电或深度小电流放电，在极板的深层小孔隙内形成硫酸铅，充电时不易恢复；

③电解液液面过低，极板上部的活性物质露在空气中被氧化，之后与电解液接触硬化的硫酸铅；

④电解液不纯或其他原因造成蓄电池的自放电，生成硫酸铅，从而为硫酸铅的再结晶提供物质基础。

(3)故障排除。

硫化不严重时可通过去硫化充电方法解决；硫化严重时，应予以报废。

3.蓄电池容量达不到规定要求

(1)故障现象。

①汽车起动时，起动机转速很快减慢，转动无力；

②按喇叭声音弱、无力；

③开启前照灯、灯光暗淡。

(2)故障原因。

①使用蓄电池前未按要求进行初充电。

②发电机调节器电压调得太低，使蓄电池经常充电不足。

③经常长时间起动起动机，造成大电流放电，致使极板损坏。

④电解液的相对密度低于规定值，或在电解液渗漏后，只加注蒸馏水，未及时补充电解液，致使电解液相对密度降低。

⑤电解液的相对密度过高或电解液液面过低，造成极板硫化。

(3)故障排除。

①检查蓄电池外部，检查外壳是否良好，表面是否清洁，极板上是否有腐蚀物或污物。

②检查蓄电池搭铁线、极柱的连接夹是否松动，如果有则为输出电阻过大，电压低。

③测量蓄电池的电解液密度。如果电解液密度过低，说明充电不足或新蓄电池未按要求经过充、放电循环，使蓄电池达到规定容量。

④检查电解液液面高度。如果液面高度不足，且在极板上有白色结晶物质存在，则可能存在极板硫化故障。

⑤蓄电池充电后检查电解液密度，如果出现两个相邻的单格电池中电解液的密度有明显差别，则说明该单格电池内部有短路，不能使用。

⑥必要时，检查发电机电压调节器的调节电压。

任务工单

<table>
<tr><td>工作任务</td><td colspan="7">蓄电池的维护</td></tr>
<tr><td>姓名</td><td></td><td>学号</td><td></td><td>班级</td><td></td><td>日期</td><td></td></tr>
<tr><td colspan="8">车辆信息</td></tr>
<tr><td>车型</td><td colspan="2"></td><td>生产年份</td><td colspan="2"></td><td>制造厂</td><td></td></tr>
<tr><td>VIN码</td><td colspan="3"></td><td>发动机型号</td><td colspan="3"></td></tr>
<tr><td colspan="8">蓄电池型号:________________
蓄电池静态电压:________________
蓄电池起动电压:________________</td></tr>
<tr><td colspan="8">情感面(作业安全、职业操守)</td></tr>
<tr><td colspan="5">操作点(共16分)</td><td colspan="2">学生评价总结</td><td>教师评估</td></tr>
<tr><td colspan="5">1. 能进行工位“6S”操作(共3分)
□1.1 整理、整顿(1分)
□1.2 清理、清洁(1分)
□1.3 素养、安全(1分)
2. 能进行设备器材的安全检查(共2分)
□2.1 检查作业所需要的工具和设备是否完备(1分)
□2.2 蓄电池的安装是否正常(1分)
3. 能进行车辆安全防护操作(共3分)
□3.1 正确安装车辆翼子板布(1分)
□3.2 正确安装车内三件套(1分)
□3.3 正确安装车轮挡块(1分)
4. 能穿戴好防护装备(共3分)
□4.1 防护服(1分)
□4.2 护目镜(1分)
□4.3 防护手套(1分)
5. 能进行工量具清洁、校准、存放操作(共2分)
□5.1 使用后对工量具进行清洁(1分)
□5.2 作业完成后对工量具进行复位(1分)
6. 能进行“三不落地”操作(共3分)
□6.1 作业过程做到油液不落地(1分)
□6.2 作业过程做到零件不落地(1分)
□6.3 作业过程做到工具不落地(1分)</td><td colspan="2"></td><td></td></tr>
</table>

续表

技能面(应用技能、操作技能)		
操作点(共48分)	学生评价总结	教师评估
1.□ 检查蓄电池安装情况(共4分) 2.□ 检查蓄电池外观情况(共4分) 3.□ 观察蓄电池"电眼",初步判断蓄电池状态(共8分) 4.□ 能正确使用万用表检查蓄电池自放电情况(共12分) 5.□ 能正确使用密度计(共6分) 6.□ 能正确使用高率放电计检查蓄电池状态(共14分)		
作业面(保养作业)		
操作点(共14分)	学生评价总结	教师评估
□1. 会给轿车选配合适的蓄电池(共2分) □2. 能拆卸蓄电池(共4分) □3. 会使用苏打水溶液给蓄电池保养(共4分) □4. 能正确安装蓄电池(共4分)		
信息面(信息录入、检索、应用)		
操作点(共12分)	学生评价总结	教师评估
1. 能正确使用维修手册查询资料(共3分) □1.1 查询蓄电池型号(1.5分) □1.2 查询放水螺栓扭矩规格(1.5分) □2 查询蓄电池更换周期(共3分) □3. 能在规定时间内查询所需资料(共3分) □4. 能正确记录所需信息(共3分)		
工具及设备使用能力		
操作点(共10分)	学生评价总结	教师评估
□1. 能正确选用维修工具(共2分) □2. 能正确观察"电眼"并判断(共2分) □3. 能正确使用密度计(共2分) □4. 能正确使用万用表(共2分) □5. 能正确使用高率放电计(共2分)		

参考文献

[1]孔庆荣,李臣华,冯吉涛.汽车故障诊断与综合检测[M].2版.北京:北京理工大学出版社,2020.

[2] 人力资源社会保障部教材办公室,中国就业培训技术指导中心上海分中心,上海市职业技能鉴定中心.汽车维修工(四级)[M].2版.北京:中国劳动社会保障出版社,2020.

[3]衡卫军.汽车维修工(中级)[M].北京:机械工业出版社,2020.

[4]王士刚,祖国海.汽车修理工(中级)操作技能鉴定实战详解[M].北京:机械工业出版社,2013.

[5]谢伟钢,陈伟来.彩色图解汽车构造与原理[M].北京:机械工业出版社,2017.

[6]孔宪峰.汽车发动机构造与维修[M].3版.北京:高等教育出版社, 2022.

[7] 吴刚.汽车电气设备[M].北京:北京理工大学出版社, 2020.

[8] 张国富,赵鼎明.汽车底盘构造与维修[M].北京:北京理工大学出版社, 2018.

[9] 王爱国.汽车空调[M].武汉:华中科技大学出版社, 2017.

[10]潘伟荣.汽车空调故障诊断与维修[M].北京:机械工业出版社, 2021.

[11] 李勇.汽车发动机结构与拆装[M].北京:北京理工大学出版社, 2015.

[12]2016款威朗维修手册.

扫码看微课

知识巩固习题

参考答案

Date/日期